リバタリアニズムを問い直す

●右派／左派対立の先へ

福原明雄
Akio Fukuhara

Libertarianism Re-examined: Beyond the Left-Right Debate

ナカニシヤ出版

はじめに――リバタリアニズムの状況から

本書で問題の中心となる「リバタリアニズム（Libertarianism）」という語は、冷静な分析的議論とは別に、好悪の感情を伴って語られてきた言葉であった。リバタリアニズムは一方で、小説家アイン・ランド（Ayn Rand）に代表されるような論者によって市民宗教的な影響力をもち、熱心に信奉されるものになっている。他方で、その市場原理や個人的な自由を重視する姿勢は、平等を重視する論者や市民の格好の標的となってきた。その全貌を正確に把握しようと努められるというよりは、分かりやすく極端な立場にある議論として扱われてきたように思われる。

筆者にはこの二側面を実感した個人的な体験がある。筆者が学会帰りのシカゴ・オヘア国際空港で搭乗する予定の飛行機がディレイしたとき、時間潰しがてら本屋の棚を眺めていることがあった。アイン・ランドの名前はすぐに目に入った。そこで目を見張ったのは、辞書のような分厚さの *Atlas Shrugged*（邦題『肩をすくめるアトラス』）が三冊も並べられていたことである。そのほかに *The Fountainhead*（邦題『水源』）、*We the Living*（邦題『われら生きるもの』）、そして *Anthem* が並んでいたと記憶している。これほど多種の、決して新しいものではないランドの書籍が並んでいるということは、おそらく単に売れ残っているということではなく、それなりに好んで読まれる、売れそうなスタンダードな書籍だということなのだろう。そのときに筆者は*Anthem*という小説は名前しか知らなかったので、いい機会だから読んでみようと考えて購入することにした。レジに本を差し出し、代金を支払おうとしたとき、レジ打ちをしている若い男性店員がこちらを驚き（奇異？）の目で覗き込んだことは忘れることができない。そのときに「これはお前が読むのか？　アイン・ランドを知っているのか？」ということを大きな身振りで聞かれたことを記憶している。筆者が「そうだ、自分が読む。この本を読んだことがなくて、興味があるから」と答えると、信じられないというように肩をすくめて頭を振ってから、可哀想なものを見るような目で本を手渡してくれた。なぜ彼はこのような素振りをしたのだろうか。背も小さくて冴えない様子の若いアジア人が、利己主義を積極的に肯定するような気概あるアメリカの作家の本を読むということが信じられなかったのだろうか。あるいは、ランドなどに興味がある人間の気が知れないと思ったのだろうか。真相は分からないが、筆者がランドを興味深く読むことに彼は幾分否定的に驚きを示したように見えた。彼が何を思ったのであれ、そこには何かランドやリバタリアニズムに対する特別な感情があったことは確かである。およそ筆者のような者には似付かわしくない何かが存在しているのだ、と。

このような反応を生み出してきた「リバタリアニズム」は、現在、アイデンティティ・クライシスの只中にいると筆者は考えている。もちろん、そもそもリバタリアニズムに（というよりは、あらゆる正義構想にだが）アイデンティティなどというものが想定できるのか、想定すべきであるのか、それ自体が問われてしかるべき問題であるかもしれない。しかし、もしリバタリアニズムが、他の正義構想と異なっており、それゆえ他とは異なる名前で呼ばれるに値するのならば、それは一体どのような根拠によってそうであるのか。本書は、「リバタリアニズム」という語と、その正義構想のアイデンティティ・クライシスを念頭に、それらにまつわるこれまでの議論状況を吟味・再検討しつつ、論理的に一貫した、より説得的なヴァージョンの提示を試みるものである。

では、一体リバタリアニズムはアイデンティティに関するどのような問題を抱えているというのか。筆者の考えでは、この問題は大きく分けて二つ存在しているように思われる。一つ目は、ロールズ（John Rawls）の著作『正義論（*A Theory of Justice*）』以降に展開された、リバタリアニズムを含む、現代正義論の議論状況の理解・整理において存在しており、二つ目は、リバタリアニズムと呼ばれる思想群内部での入り組んだ分裂状況において存在している。

一つ目の問題は、セン（Amartya Sen）によって、あらゆる正義論上の立場が、「何の平等か（equality of what）」をめぐる議論であると整理・理解できると有力に主張され、そして、この理解の中でリバタリアニズムがどのような位置を占めるものだと考えられているか、ということに関係している。リバタリアンの観点から非常に雑駁に説明すれば、ロールズの『正義論』は、彼が提出した「正義の二原理（two principles of justice）」による基本財（primary goods）の分配という形での平等論的（egalitarian）な議論を展開した、と理解されているのに対して、正義論上のリバタリアニズムの嚆矢となったノージック（Robert Nozick）は、『アナーキー・国家・ユートピア（*Anarchy, State and Uto-*

pia)』において、より自由を擁護するような議論を展開したと理解されている。もし、このように正義論の展開を理解するのであれば、少なくともその起源において、リバタリアニズムは平等ではなく自由を選んだのである。そして、ロールズらリベラルな平等論に対して、この自由の徹底的な擁護こそがリバタリアニズムをリバタリアニズムたらしめるアイデンティティを形成していると、リバタリアンたちは考えてきた。では、センが正義論を何らかの「平等論」へと整理することができると論じたことは、リバタリアニズムにとって不当な扱いであったのか[1]。

そうではない。筆者の考えでは、この疑念は誤解に基づいており、この点に問題が潜んでいるわけではない。というのも、ここでセンの言う「平等」は、たとえば、リバタリアンがロールズを「平等論者である」と呼ぶ際に用いられるような平等の語とは、別の意味を持つものであるように思われるからである。センによれば、リバタリアンでさえも、「あらゆる種類の権利や自由が平等に与えられることを要求して」おり、「本質的には平等主義者」であるから、リバタリアニズムも正義論たりうる[2]。つまり、リバタリアンは「何の」の部分に「あらゆる種類の権利や自由」を当てはめる、と考えられているのである。たしかに、一般的にリバタリアニズムは、あらゆる人を自己所有権者とみなして尊重し、消極的自由の侵害を排除する、という議論として理解されていると思われる。しかし、リバタリアニズムを、安易にこのような「枠」に「平等論」の一つとして当てはめて理解することは、リバタリアンたちの本質的な関心を受け止めて、表現してくれるものなのだろうか。そのような理解は、リバタリアニズムの存在意義を十全に表現しているのだろうか。

「何かを平等にすること」という基準で、たしかに多くの正義構想は整理できるかもしれない。既に述べたように、「何の平等か」は非常に広い受け皿であり、正義論として論じることができるものすべてを受け容れる準備があるように思われる。しかし、「何の平等か」という問いは、「何の」という部分の中身が、なぜそれなのか（たとえば、自己所有権なのか）については、何も明らかにはしてくれない。検討されるべきなのは、センが言うような何かを平等にした後に残される様々な不平等に関すること[3]（だけ）ではなく、平等にする「何の」の内容と意義、そしてそれによって達成しようとする構想なのである。「何の平等か」は各々の正義構想の主たる関心に立ち入って的確に表現することはせず、何らかの平等（そしてそれによってもたらされる不平等）にこそ関心があるかのように見誤らせる可能性がある。この点にこそ問題が潜んでいる。それらの構想が「何の平等か」に対する端的な回答では表現され尽くされないのは、たとえば古典的功利主義を考えれば明らかだろう[4]。功利主義は平等算入公準（one count as one）や誰のどのような厚生（福利）も平等に測定するという意味では

（1）ここでのリバタリアン側の問題の裏で、センによる、正義論の平等論への整理の結果、「平等論」という議論群が、その特有の特徴や意義のアイデンティティを失ってしまうのではないか、という問題も同時に生じうる。このような問題関心の下、正義構想としての平等論の意義を論じたものとして、藤岡（2013）を参照。
（2）Sen（1992）邦訳 pp.vii-x.
（3）*Ibid.* 邦訳 pp.22-25.
（4）森村（2013）pp.42-44.

平等で表現することのできる意義ある重要な側面を持っていることは確かであろう。しかし、その最も重要な主張は厚生（福利）の総和を最大化しようという点にあるように思われる。何らかの平等を抱えていることが共有されていると言うならば、むしろその特色は功利主義と平等論（egalitarian-ism）の異なる部分によって明らかになる。それは必ずしも不平等にのみ現れるわけではない。そうすると、「何の平等か」はその「平等」自体にはそれほど関心はなく、むしろ「何の」の方に目を向けるよう示唆している。(5) リバタリアンがここで問うべきことは、自らが平等に扱うもの、その内容・意義・重要性、そしてこれらを踏まえた構想をもう一度明示することである。この問題への回答が、本書を通して試みられる、ほぼ唯一のことである。

二つ目の問題は、正義構想のレベルでの問題、つまり、これまでになされてきた「リバタリアニズム」と呼ばれる思想・言説群の内部の状況や関係を、どのように理解するのかという問題である。より具体的に表現するならば、歴史的にリバタリアニズムに纏わりついてきた、ネオ・リベラリズム（Neo Liberalism）的なイデオロギー性をどのように取り扱うべきなのかという問題である。それは、リバタリアニズムと呼ばれる思想群において、数多く存在する経済学的な議論、つまり、政府による市場への規制や、福祉国家的な再分配政策に反対し、自由市場経済を強力に擁護する、時には市場アナキズムにも至るような議論が存在する一方、自己所有権を擁護することをリバタリアニズムであることの証であるとして、天然資源の平等な割り当てを論じ、政府による大規模な再分配的施策を支持するような、左派リバタリアニズムと呼ばれるような議論が存在することを、どのようにすれば同じカテゴリーのものとして理解することができるのだろうか、という問題である。リバタリアニズムは、各々が各々の主たる論敵であってもおかしくないほどの幅の広さを持っているのである。右派の論者には、左派の議論を、リバタリアニズムの名を騙った平等論の一種であると論じる者もいる[6]。たしかに、リバタリアニズムを広く捉えた場合、たとえばデイヴィド・フリードマン（David Friedman）とマイケル・オーツカ（Michael Otsuka）は同じカテゴリーにいるという主張がなされうることになる。しかし、これには議論の方法の面でも、政治的イデオロギー性の面でも、首を捻らざるをえない[7]。政治哲学としてのリバタリアニズムは、その哲学的議論の系統と政治的イデオロギー性のグラデーションの間で、引き裂かれんばかりである。これを引き裂いて考えることは容易だろうし、誤った理解を避けるためには適してさえいるかもしれない。しかし、思い做しで、あらかじめその選択をすることは、議論を哲学的方法に従属させる政治「哲学」か、政治的イデオロギーに従属させる「政治」哲学かを、恣意的に選択していることにほかならない。その選択には、何故そのように選択するべきなのかについての理由が必要であるように思われる。

---

(5) これは自由論で登場するマッカラムの自由の概念分析と似た様相を呈している。このことから考えをもう一度「なぜ平等か」に戻すことも重要であることが分かる。平等論はもう一度自らの内部点検を要求されることになる。
(6) たとえば、森村（2001）（2013）を参照。
(7) イデオロギー性に気を配りすぎて、哲学的な議論の足元を掬われるべきでない、という議論として、井上彰（2014a）を参照。

リバタリアニズムの理解自体が、このように幾重にも交わる状況において、リバタリアニズムを再検討するにはどうすれば良いのだろうか。筆者はここで「自由主義」という視線を、導きの糸として導入することにしたい。それはたとえば、井上達夫がリベラリズムは「「自由主義」ではないにも拘らず、否むしろそれゆえにこそ、リベラリズムは自由へのしたたかな戦略である(8)」と論じた際に退けられた「自由主義」のことである。もちろん、井上のリベラリズムの理解が自由に対して正義の基底性を論じるという意味であり、政府規模論や分配的正義論で語られるリベラリズムと次元を異にしていることは理解しているつもりである。その上で、敢えて「自由主義」という視線を採用することは、各々の論じるリバタリアニズムにおいて中心的な役割を果たす自由を、どのような意味で理解し、擁護するのかという形で、もう一度、意識的に自由についての再検討を促すことに繋がる。リバタリアニズムに対するこのような視線の必要性については、第一章で浮かび上がることになるだろう。第二章では、そのような自由を擁護するためには、どのような方法を採るべきであるのかを論じることになる。第三章では、自己所有権の正当化と、しばしば問題にされるリバタリアニズムの採る人間観の関係を検証していく。そこで、リバタリアニズムを突き動かすモチベーション、自己著述者性(self-authorship)について触れる。第四章では、擁護されるべき自由とは、一体どのようなものであるべきなのかを論じる。第五章では、第四章までに論じたことで明らかになった議論が、どのような分配的正義を要求・拒否するのかについて論じる。最後に、本書の議論が擁護したリバタリアニズムの位置と制度的な示唆の一端に触れることで、締めくくることにしよう。

あらかじめ、本書の主張を、標語的に述べておくことが許されるならば、デイヴィド・フリードマンによって記された、次の一文こそが、最も適切な表現であろう。「私は誰もが自分自身の生き方を決める権利――自分自身の仕方で地獄に行く権利――を持っていると信じている[(9)]」。フリードマンは、(彼の考えでは) 多くの人々が信じているというこの言明を突き詰めると、アナルコ・キャピタリズムが帰結すると考えていたが、筆者はそうではないと考えている。この標語が、一体どのような意味で受け取られるべきだと筆者が考えているかについては、本書の最後でもう一度触れることにしよう[(10)]。

(8) 井上達夫 (1999) p.197.
(9) Friedman (1989) 邦訳 p.vii.
(10) 本書は、参考文献に挙げた旧稿を利用しているところが各所にあるが、それらの内容には大幅な加筆修正、および削除が施されている。

リバタリアニズムを問い直す——右派／左派対立の先へ

＊

目次

リバタリアニズムを問い直す——右派／左派対立の先へ

第一章　リバタリアニズムの自画像を描き直す
――国家規模論から分配原理論へ

本書は「はじめに」で論じた通り、リバタリアニズムと正義論の状況全体との関係と、その名で呼ばれる議論内部での錯綜状態を解きほぐし、リバタリアニズムのありうる一構想を提示しようとするものである。そうであれば、これまでの議論において、リバタリアニズムがどのように説明されてきたのかを確認することは必要不可欠な行程である。もっとも、デイヴィッド・アスキューの表現を借りて、一言で表現すれば「リバタリアニズム（自由至上主義）とは、個人の自由を非妥協的に擁護して、個人の選好を尊重する個人主義・自由主義的な思想的立場[1]」なのだが、それが一体どのような正義構想に結び付くのかは、この表現からだけでは特定することができない。その中心にあるとされる自由というもの自体は、多くの正義構想がかなり重点を置いてきたと考えられるからだ。そこで本章では、主に日本において、リバタリアニズムがどのようなものであると整理・理解されてきたのかを確認し、その後に、それを相対化するいくつかの議論を補助線として導入する。筆者は、この行程を経ることによって、第一の問題である、正義論全体におけるリバタリアニズムの採るべき方針（というよりも、リバタリアニズムが与するべきでない方針）について、いくつかの原理的な示唆を得ることができると考えている。それは、少なくとも、リバタリアニズムにおける「政府の規模についての議論」と、「分配的正義において採用する原理についての議論」との差異を、従来の議論に比して強調するものになるだろう。以下、順を追って説明していくことにしたい。

一　リバタリアニズムの分類論

日本において、リバタリアニズム論とでも表現すべき、リバタリアニズムについての議論の口火を切ったのは、アスキューの論文「リバタリアニズム研究序説」であると考えて間違いないだろう。[2] この論文の中でアスキューは、リバタリアンと呼ばれている数多くの論者たちの分類を試みた。この分類は、日本の法哲学の議論においてリバタリアニズムを論じる際には多くの論者が言及する、大きな影響力を持つ議論である。[3] そうであれば、このアスキューの分類法（以下、単に「アスキュー分類」と記述する）を検討することが、少なくとも、日本におけるリバタリアニズム理解の大きな助けになることは間違いないだろう。それではまず、アスキューの議論を確認しよう。

（1）デイヴィッド・アスキューの分類

アスキューの関心は、それ以前の時代の自由主義者とは区別された、十九世紀末から二十世紀にかけて現れてきた（リバタリアンをその中に含む）「現代自由主義者」に向けられている。彼らは、ニューディールなどに代表される「拡大国家」の時代に、それらと対峙した論者たちである。アスキューによれば、「現代自由主義者」とそれ以前の自由主義者を画然と区別するのは、その国家観である。リバタリアニズムは、拡大国家を強制力・暴力を肥大化・具現化させた組織だと考え、これを批判している。アスキューのリバタリアニズム理解によれば、この議論によってリバタリアニズムが擁護しようとしているものは、私生活自由放任主義であり、必ずしも経済的自由放任主義（レッセ・フェール）ではない。誤解されることが多いかもしれないが、後者は前者の手段ではありうるが、それ自体が目的とされているのではないのである。アスキューによれば、現代自由主義者は、その政府観によって三つのカテゴリーに、その議論の正当化根拠によってさらに三つのカテゴリーに分類することができる。

（1）　アスキュー（2013）p.545.

（2）　アスキュー（1994-95）. 本節でのアスキューの議論は、特に銘記しない限り、この論文によるものである。

（3）　たとえば、森村（2001）pp.21-26、橋本（2008）pp.x-xi、瀧川・宇佐美・大屋（2014）p.84は、同様の指標によってリバタリアニズムを分類している。

まず、前者の政府観による分類について見ていくことにする。最もラディカルな立場であるとされるのは、政府の正統（当）性や必要性を一切否定する、アナルコ・キャピタリズム（anarcho-capitalism：無政府資本主義）と呼ばれる立場である。[4] この立場は、政府による社会福祉などの提供を否定するどころか、公共財の供給、司法や治安維持、防衛サーヴィスの提供さえも正統（当）性がないとして否定する。この立場を採る論者は、たとえば治安維持については、現在でも広く利用されている警備保障会社のような組織がより発達し、広範に利用されるようになるだろうと考えているし、社会福祉や保険の提供なども、保険会社などが提供するだろうと考えている。いずれにせよ、現在の政府が提供しているようなサーヴィスは、いずれも市場によって提供することができ、さらには市場原理がこれらのサーヴィスのコストを引き下げ、その質を向上させるはずであると、この立場の論者は考えているのである。[5]

最低限の機能に限定して、政府の正統（当）性を認める立場は、最小国家論（theory of the minimal state）と呼ばれる。この立場の論者は、無政府の可能性を否定する一方で、政府機能は最低限のものに限定されるべきであると論じる。この立場の論者が言う「最低限の政府機能」とは、おおむね防衛や治安維持、そして司法サーヴィスの提供のことである。一方、現代の多くの国家が行っている社会福祉や公共財の提供などはここに含まれず、そのような機能を果たすことは正統（当）な政府の役割を超えており、政府が肥大化していると批判することになる。

貨幣やある程度の公共財の供給、最低限の社会福祉の提供も政府の任務でありうるという立場は、古典的自由主義（classical liberalism）と呼ばれる。アスキューはこの立場を、小さな政府論・制限された国家論であるから、「現代自由主義」には含めているが、リバタリアニズムに含めることには「個人的にいささか抵抗がある」[6]と論じる。ほぼすべての日本のリバタリアンたちが、古典的自由主義までを含めてリバタリアニズムであるとみなしている一方で、アスキューは一貫して、リバタリアニズムはアナルコ・キャピタリズムと最小国家論の二つの立場に限られると論じ続けている。アスキューは、その違いを市場に対する両者の態度の違いに求めている。というのも、アスキューによれ

（4）アスキューによれば、このほかにも同様の立場を指す語として、「市場無政府主義（market anarchism）」、「無政府主義的リバタリアニズム（anarcho-libertarianism）」、「私有財産制の無政府主義（private-property anarchism）」などの表現がある。アスキュー（2013）p.561, n.23.

（5）ただし、防衛サーヴィスの民営化可能性については、議論が難しい。たとえば、P・W・シンガーなどの論者によれば、防衛サービスはアウト・ソーシングされるようになってきており、市場化する可能性が全くないわけではない。ただ、これには様々な問題が付きまとう。参照、Singer（2003）。また、防衛という問題自体が、市場のような合理性を問題にする議論と、相容れないのではないか、という根本的な質の違いを論じるものとして、嶋津（2011）pp.176–179. アナルコ・キャピタリズムを明示的に支持する論者でも、この点については、事実上、難題として棚上げされている。参照、Friedman（1989）邦訳 pp.171–182. もっとも、防衛についての議論は、戦争観（および地政学的な状況）に大きく影響されるだろう。Singer の議論が、冷戦終結後の、いわゆる、「テロとの戦い」の時期に書かれているのに対して、Friedman の議論の初版は冷戦真っ只中（一九七三年）に書かれていることは、注意されるべき点だろう。

（6）アスキュー（2013）p.548.

ば、リバタリアニズムは市場における自然独占を強制とは考えていないが、古典的自由主義は、自由な交換の場である市場でも強制的な状況が起こりうるので、それを修正するような政治の役割が許容されると考えるからである。言い換えれば、古典的自由主義者は、ある自由を獲得するために他の自由を制限する、自由のトレード・オフの可能性を認めるのである。もっとも、アスキューは、最近では、古典的自由主義およびリバタリアニズムはまさに自由主義という学派として軌を一にしており、この学派の論者が異口同音に議論を展開していることから、アナルコ・キャピタリズムと最小国家論から構成される見解を狭義のリバタリアニズム、これに古典的自由主義を加える見解を広義のリバタリアニズムと呼ぶことができると(用語法の問題に過ぎないかもしれないが)わずかに譲歩している。[7]

次に、現代自由主義の議論の正当化根拠の違いによる、三つの分類について見ていくことにしよう。まず、自然権を正当化根拠として議論を展開する方法がある。そのうち代表的な方法は、ノージックに代表される、「自己所有権(self-ownership)」と呼ばれる権利に訴えかけて正当化するものである。この方法では、もしこのような権利を尊重するのであれば、個人的自由やそれを尊重するような望ましいリバタリアンな社会に至るであろう、という正当化がなされる。

帰結主義的正当化は、個人的自由を尊重するような、リバタリアンな社会のもたらす帰結の望ましさに訴えかけて、リバタリアニズムを正当化する方法である。この方法を用いる論者には、ミルトン・フリードマン(Milton Friedman)/デイヴィド・フリードマン親子などの経済学的な手法を用いる論者が多いため、功利主義的な正当化や、法と経済学の手法による合理性・効率性からの正当化

（および、拡大国家への批判）が多くなされている。

契約論的正当化は、ある状況下において、合理的な人ならば、個人的自由を尊重するリバタリアンな社会が望ましいものであると合意する（べきである）はずであるから、リバタリアンな社会が正当化される、というものである。この方法を代表する論者は、公共選択理論の提唱者である、ジェームス・M・ブキャナン（James M. Buchanan）である。

以上で論じてきた通り、現代自由主義はその政府観と正当化根拠の分類によって、3×3の九つの立場に区別できることになる。また、これらの各分類は、相互に独立していると考えられる。というのも、ある正当化根拠（たとえば、自然権論）を採ることが、特定の政府観（たとえば、アナルコ・キャピタリズム）を採ることを、要求も排除もしないからである。たとえば、ノージックが自然権論最小国家論を採り、デイヴィド・フリードマンが帰結主義的アナルコ・キャピタリズムを採ることには、何の無理もないと考えられる。これを図式的に示したものが、アスキューが作成した表1である。

この表からも明らかである通り、リバタリアニズムとはノージックの議論の

表1　国家論と自由主義原理の正当化理論

	自然権論	帰結主義	契約論
無政府資本主義	ロスバード	D. フリードマン	ナーヴェソン
最小国家論	ノージック		
古典的自由主義	マロイ	ハイエク	ブキャナン

（7）　同書。つまり、現代自由主義者が広義のリバタリアニズムと言い換えられた、と考えてよいだろう。

ことでも、アナキストのことでもなく、多様なヴァージョンを包含した、かなりの幅を持った一群の議論であると分かる。では、この分類はその一群の議論にどのような光を当てることになるのだろうか。

まず、ノージックの印象が強いリバタリアニズムにあって、その正当化根拠は自然権論に限られていないということがわかる。しかし、自然権・帰結主義・契約論という分類の軸は、たしかに様々なリバタリアンたちの議論を腑分けすることに成功しているのだろうが、そのことと正義論上のリバタリアニズムという立場とが、どのような本質的関係を有しているのかは明らかではない。リバタリアンたちは、たしかにこれらの方法によって論を進めているのだが、それはリバタリアンに特有のことではないのではないだろうか。現代正義論上の多くの議論が、これらの方法のいずれかを用いて議論しているように思われる。つまり、正当化根拠による分類は、リバタリアンと呼ばれる論者も、他の立場の論者と同様の正当化根拠を用いているのだ、ということを明らかにしているに過ぎないように思われる(8)。

では、もう一つの軸である、各論者が擁護する政府の規模についての分類はどうか。「現代自由主義」という視角からも明らかなようなように、アスキューはリバタリアニズムの論者が、アナルコ・キャピタリズムを一つの極として、比較的小さな政府の規模を志向する傾向にあると考えている。ここで、リバタリアニズムは政府の規模を基準としたグループであると、ひとまず考えることが可能であるし、実際そのように理解されてきたと思われる。しかし、「リバタリアニズムは、比較的小さな政府を支持する立場である」という理解は、いくつかの意味で不思議な印象を与えるものであろう。まず、この理解では、リバタリアンはリバタリアニズム以外のあらゆる立場が、政府の肥大化に棹差すものだと主張しているという印象を与えかねない。もちろん、アスキューの理解では、リバタリアニズムは肥大化した政府に対する批判の急先鋒ではあるが、リベラリズムや共同体論のあらゆる立場が、肥大化した政府を批判しない／できないわけではない。一般的にリベラリズムにおいては、政府は適切な規模に維持されるべきだと評価される傾向にあるし、共同体論はアナキズムを擁護することができる。[9] つまり、（程度の違いは措くとして）政府を小さく保つという方針自体は、リバタリアニズム特有のものではないどころか、現代正義論以前から存在する、ある種の「知恵」のようなものである。そうであれば、「リバタリアニズムは、比較的小さな政府を支持する立場である」という自己

（8）　もっとも、この分類の特性上、自然権論や帰結主義という分類の指標となる語が何を指しているのか明らかでないことは、現今のリバタリアニズム論において、大きな問題を抱えていると言わざるをえない。現在の英米におけるリバタリアニズムを他の立場と区別するメルクマールは、自己所有権を採用するか否かのみにかかっており、その分配的正義の側面は、リバタリアニズムであるか否かに重要な役割を果たしていないとされている。ゆえに、再分配に否定的でありながら、自己所有権ではない自然権を用いて正当化された議論は、厳密には、リバタリアニズムではない、とラベリングされるのである。逆に、自己所有権を擁護しながら、平等論的再分配を要求する立場はリバタリアニズムと呼ばれることになり、これが左派リバタリアニズム（left-libertarianism）である。このような分類にどのような評価を与えるかについては、後述する。

（9）　共同体アナキズムについては井上（1999）pp.61–67を参照。

同定はあまりにも広すぎ、ほとんど役に立たない。たとえば、なぜ古典的自由主義はリバタリアニズムに含まれ、他の抑制的なリベラリズムの立場は含まれないと判断できるのかについての基準が、この自己同定からだけでは、一見して明らかなように導き出されることはないと思われる。

また、議論をこの分類の中に限っても、アナルコ・キャピタリズムとほか二つの立場の間には、政府の存在を認めるか否かという、政治哲学的に画然たる違いが存在しているのであり、そのような決定的な違いを平然と内包してしまうリバタリアニズムという単一のカテゴリーは、分類上どれほどレレバントなものでありうるのだろうか、という疑問が浮かんでくる。ノージックが著書の大きな部分を割いていることからも明らかである通り、この違いは政治哲学的には大問題であるはずである。この分類に対する元来のアスキューの立場からしても、この区別を無効化する強い理由が必要であると思われる。また、最小国家論と古典的自由主義の間にも、大きな違いが存在するはずである。たしかに、最小国家が提供する治安維持や国防が、負担者とサーヴィス受益者の間で再分配的な性質を持つと考えることは可能だが、それを超えた社会福祉などのような、より直接的な形で再分配的な機能を政府に認めようという議論との間には、少なくともここでのリバタリアニズムの理解においては、大きな違いがあると言うべきだろう。

この分類は、さらに次のような疑念も引き起こすことになる。たとえば、何らかの形で財の再分配を認める古典的自由主義と、再分配を認めつつも抑制的なリベラルな平等論者のどちらがより小さな政府を志向するのかは、一見して明らかではないように思われるということは既に述べた。それはつまり、リバタリアニズムが批判しているところの「拡大国家」が、古典的自由主義が支持する「比較的小さな政府」とどこがどのように違うのか、という基準が明らかではないことを示している。これまでにリバタリアニズムに与えられている、これら二つの区別を考えられる基準としては、リバタリアニズムはロールズの議論が支持するような再分配を支持することになるような平等志向を支持しない、という点が挙げられるだろう。リバタリアニズムは自由をより徹底的に擁護する議論であり、それは平等に優先するのだ、と。では、アナルコ・キャピタリズム→最小国家論→古典的自由主義というカテゴリーの次に来るのは、財の分配の平等を志向する拡大国家ということなのだろうか。しかし、先述した通り、何らかのリベラルな平等論に与すること自体は、支持する政府の規模を決定付けるものではない。古典的自由主義が、最小国家のような再分配的効果にとどまらず、より直接的な財の再分配を許容するのであれば、古典的自由主義自身が批判対象であるはずの拡大国家のような規模までは決して肥大化しない、ということは保証されていない[10]。

では、この広義のリバタリアニズムの政府と、そうではないより肥大化した政府とは何が違うのだろうか。そもそも、リバタリアニズムを政府の規模の問題として考えることは、有効なラベリングたろうか。

(10) そのように肥大化した政府を支持するものはそもそも古典的自由主義とは呼ばれない、と指摘されそうだが、ここでの議論は政府の小ささのメルクマールの不在が、古典的自由主義であることを原理的に保証できない点を問題にしている。

りうるのだろうか。後述するが、論者によっては、古典的自由主義こそがリバタリアニズムの主流なのであって、アスキューが主にリバタリアニズムであると考えたアナルコ・キャピタリズムや最小国家は、一時的な例外であるとみなされている。アスキュー分類ではリバタリアニズムの「辺境」的地位を与えられた古典的自由主義に対するこのような評価は、日本における既存のリバタリアニズム観に別の視角を与えるものだろう。

また、アスキュー分類では、古典的自由主義の政府には最小国家論が認める役割に加えて、貨幣の供給や若干の福祉活動など、いくつかのサーヴィス提供も許容されるものと考えられている。しかし、どのような活動がどの程度行われることを許容するのかについては、いくつかの例示はされているものの、その基準自体は明らかにはされていない。言い換えれば、どのような機能を備えている政府が古典的自由主義の下では許容されないのか、批判されるべき拡大国家であるのかについて明らかにしなければ、古典的自由主義もリバタリアニズムであるという議論の射程は劇的に拡大していくことになるだろう。その限界がどこにあるのかを見定めなければ、リバタリアニズムというカテゴリーが、アスキュー分類の意図からすれば不本意に、拡大していくことになる。もしそうなれば、もはや、この分類法が明らかにした傾向に執着することの実益はほとんどない。

一方で、それでもリバタリアニズムが政府の規模にこだわるのであれば、この問題は、第一義的には、政府活動の規模それ自体への言及によって回答されるべきである。特に、左派リバタリアニズムが、「自己所有権」というノージックと同じ道徳的原理を持ち出して、従来の「右派」リバタリアニズムと全く異なる、平等論的な政府観、政治・経済的制度への含意を引き出すことを考えれば、政府活動の規模自体をメルクマールとして維持することには、本章の関心からして、一定の意義があると言えるだろう。そこで問われるのは、政府規模という形で現れる種類のイデオロギー性が、リバタリアニズムというカテゴリーを確定することに重要な意味を持つと考えるべきであるのか、ということである。もちろん、この問題を検討することでもたらされる、政府規模に還元されない、何らかの理念的な示唆が存在するのであれば、それを汲み取らなければならない。

以下では、ジェイソン・ブレナン（Jason Brennan）とスティーブン・ナサンソン（Stephen Nathanson）の分類論を参照することで、政府規模の問題をより具体的に浮かび上がらせていきたい。そこでは、政府の規模の問題とともに、分配の原理や理由が問題にされることになる。それらの問題を意識しつつ、どこまでが擁護されるべき古典的自由主義であり、どこからが批判されるべき拡大国家なのかを明らかにする基準を探求していくことにする。

(2) ジェイソン・ブレナンの分類

ジェイソン・ブレナンによれば、リバタリアニズムは包括的な用語、アンブレラ・ターム（umbrella term）であって、それは主に三つのカテゴリーに分類されるという。①古典的自由主義者（classical liberals）、②ハード・リバタリアン（hard libertarian）、③新古典的自由主義者（neoclassical liberals）である。ブレナンによれば、これらの分類は時系列的なものでもある。以下では、各々のカテゴリーについて、ブレナンの議論を紹介・検討していくことにする[11]。

①古典的自由主義者は、十八・十九世紀ごろに始まる、最初の「リバタリアン」たちである。このカテゴリーに含まれる二十世紀の論者として、ハイエク（F.A. Hayek）、ブキャナン、タロック（Gordon Tullock）、ミルトン・フリードマンなどが挙げられる。古典的自由主義者は、開かれた寛容な社会、強い市民権、強い所有権、開かれた市場経済を支持する。古典的自由主義者は、何らかの問題を解決するために政府を用いることに、（後述する）ハード・リバタリアンほど反対せず、道路や国防などの公共財、何らかの社会的セーフティ・ネット、公的な学校教育や教育バウチャーの提供、市場経済の規制などは、政府の任務だと考える。そして、古典的自由主義者は、自由を尊重することが良い帰結をもたらす傾向にあるから我々は自由を尊重するべきだ、という帰結主義的な議論を展開する傾向にある。

一方、②ハード・リバタリアンと呼ばれる論者たちは、古典的自由主義から発展して二十世紀中ごろに生まれた、古典的自由主義思想のよりラディカルなヴァージョンを擁護する。このカテゴリーには、アイン・ランド、ロスバード（Murray Rothbard）、ノージックなどが含まれる。古典的自由主義者は所有権を重要だと考える一方、最低限の公共財や福祉プログラムの提供のために課税が許されうると考えたが、ハード・リバタリアンたちは、そのような課税はすべて、道徳的には窃盗と同じであると考えた。たとえば、仮に貧困者を援助する道徳的な義務（ex. charity）があるのだとしても、オックス・ファムには援助することを強制する権利がない、ということと同様であると考えた。それゆえハード・リバタリアンは、政府の役割は最小限度であるべきだと考え、具体的には司法システム、国防、治安維持に限るべきだと考える。さらにハードな、アナキストであるリバタリアンも存在する。彼らは、もし市場での私的な独占が悪だとしても、強制的な権威の使用を政治的に独占する方がより悪いと考えている。

ハード・リバタリアンたちは自らの信念を、良い帰結を生み出すことよりも、人々の権利に基礎付ける傾向にある。もっとも、ハード・リバタリアンは、リバタリアンな社会が、他のいかなるオルタナティヴよりも良い帰結を生み出すとも考えている。通常、リバタリアンと言われて、一番に思いつくのはこのハード・リバタリアニズムかもしれない。しかし、ハード・リバタリアニズムは、幅広いリバタリアン思想の本流（mainline）を表現しているというよりは、いくつかの点において、古典的自由主義思想の中で逸脱（aberration）しているのである。

③新古典的自由主義は、この三十年ほどで登場した、新しい形の古典的自由主義を擁護する。彼らの中には、自身を新古典的自由主義者や bleeding heart libertarian と呼ぶ者もいる。[12] 新古典的自由主義は、古典的自由主義と多くの関心を共有するが、社会正義（social justice）に明確に関心を持っている点で異なる。正しい社会構造は、社会の中で最も不利で傷つきやすい人々を含めた、すべての人の利益になるように十分に機能するはずである。新古典的自由主義者は、他のリバタリアンたちと

(11)　以下、本項のブレナンの議論については Brennan（2012）、特に pp.8–12 を参照。

同じく、人は人格の尊重として所有権を持つと考えるが、もし、私的所有権が体系的に、多くの人々を彼ら自身の責任によらずに困窮させる傾向にあるならば、その体制は正統なものではない（illegitimate）とも考える。

社会正義の観念は、マルクス主義や左派リベラリズム、社会民主主義と関係付けられやすいが、新古典的自由主義者は、しばしば、開かれた自由市場、強い所有権、経済的自由へのコミットメントと社会正義への関心は、両立するのみならず、社会正義が前三者を要求すると考える。マルクス主義は、社会正義を現実化させるためには、我々は開かれた市場や強力な経済的な権利を持つことができないと考えた。社会民主主義は、我々は高度に管理・規制された市場と弱い経済的権利を持たなければならないと考えた。しかし、新古典的自由主義は、もし、我々が貧困に関心を持ち、社会正義を実現させたいならば、我々は開かれた市場と強力な経済的権利を持たなければならない、と考えるのである。

これら①②③の三つの議論は、社会正義に対する態度によって分類することができる。ハード・リバタリアンはこれを拒否するが、新古典的自由主義は肯定する。時系列的な問題もあって、古典的自由主義はこの点について不明確である。しかし、多くの古典的自由主義者が貧困に関心を持っていたことは明らかである。古典的自由主義者が古典的自由主義の制度を支持している理由の大部分は、その制度が貧困者を助けると彼らが信じていたことにある[13]。

以上のように、ブレナンはリバタリアニズムを、古典的自由主義の「変遷」という視点から眺めているると言ってよいだろう。その一連の古典的自由主義の流れを、社会正義に関心を持つか否かで分けることの妥当性についての評価は分かれるに違いない(14)。

しかし、大方のリバタリアニズムのイメージとは反対に、ハード・リバタリアニズムこそ「逸脱」

(12)　この呼称は、その名を冠したウェブサイトが存在し、そこで活発に議論がなされる程度には、重要な存在感を示している（http://bleedingheartlibertarians.com/）。ただ、筆者の不勉強か、あまり日本の議論で、この呼称を見かけたことはない。bleeding-heart の語には、「感傷的になる人」や「大げさに同情を示す人」ほどの意味があるが、その意味を十全かつ簡潔に表現する良い訳が、筆者には思いつかない。感傷的リバタリアンや同情的リバタリアンでは何を指しているのかよく分からないし、慈善（慈愛）的リバタリアンでは、（少なくとも、リバタリアン内の議論においては）彼らの社会正義への関心を十分に捉えているとは言い難い。ここでは、遺憾ながら、英語でそのまま表記した。敢えて訳すなら、「血も涙もある」だろうか。

(13)　もっとも、このブレナンの説明が、列挙された二十世紀の古典的自由主義者の思想内容の説明として妥当であるのかについては、注意が必要である。最も強い違和感を覚えるのは、古典的自由主義者にハイエクが含まれていることだろう。彼は社会正義などという観念は「幻想（illusion）」だ、と舌鋒鋭く批判した論者だったはずである。評価が難しいのは、ブレナンが「多くの古典的自由主義者は社会正義の概念が発達する以前に執筆した。古典的自由主義者は、社会正義について考えそこねたというほどには、社会正義を拒絶しなかった」と論じていることである（*Ibid.* p.12）。ブレナンはハイエクによって用いられた「社会正義」の内容を、ブレナンが意図するところの「社会正義」とは別の、発達する以前のものと考えた可能性がある。もしくは、ハイエクが市場を通じた進化や発展を擁護していたことが、新古典的自由主義が社会正義の観念を擁護する理由と重なると考えているのかもしれない（Cf. Brennan and Tomasi（2012））。

だというブレナンの議論は、日本のリバタリアンにも一定の説得力を持っているように思われる。というのも、アスキューがアナルコ・キャピタリズムと最小国家論だけをリバタリアニズムだとして、古典的自由主義は現代自由主義ではあるがリバタリアニズムではないと考えた、アスキューの元来の見解の裏返しとして、ブレナンのハード・リバタリアニズム逸脱論を捉えることができるからである。アスキューの見立て通り、たしかにそれらの間には、(アスキューとは違う理由によっても)画然と区別できる差異が存在しているのである。

では、ブレナン分類から、従来のリバタリアニズムの理解について、どのような示唆が得られるだろうか。ブレナンは、(新)古典的自由主義とハード・リバタリアニズムは、社会正義への関心の有無を基準に分けることができると考えた。この分類自体への評価はどうあれ、この分類の差異が如実に現れるのは、支持する政府・制度がもたらす帰結への態度や関心の示し方においてなのではないか、と考えられるだろう。ブレナンの議論の通り、ハード・リバタリアンも自らの擁護する体制は、別のオルタナティヴより良いものになると主張しているが、これもブレナンの議論の通り、ハード・リバタリアンは帰結の良さよりも、人々が持っている権利のあり方に強い関心を持っていることが多い。一方で、(新)古典的自由主義者は、貧困をはじめとした、制度がもたらす帰結の悪さに関心を払っており、悪い帰結をもたらす制度は不正であると考え、何らかの方法で救済しなければならないと考えている。ここでの両者の帰結に対する態度、また「帰結」の語が意味するところは、明らかに異なっている。(新)古典的自由主義者の言う「帰結」は、福利に関する問題を多分に含み、主にその分配状況や欠乏状態（の修正）について考えている一方、ハード・リバタリアニズムの言う「帰結」の関心事は、福利への関心が全くないわけではないが、少なくとも、福利の分配状況（の修正）それ自体にはない。

ここから読み取るべきことは、（新）古典的自由主義には明らかに分配的正義へのコミットメントがあり、何らかの望ましいパターンを持っている一方で、ハード・リバタリアニズムにはそのような望ましいパターンが想定されていないということであろう。この意味でのハード・リバタリアニズムの言う帰結の良さとは、財産権などの権利が侵害されていない、強制のない自由市場を持つ社会は、そうでない社会よりも福利的な状態が善くなるという、ある種の信念（想定？）のことである。この信念は、ブレナン分類でも述べられている通り、代表的なハード・リバタリアンの議論がなされた時期を考えれば、明らかにソ連のような社会主義や中央統制的な社会を念頭に置いた、「経験的な」信念であった部分は小さくないだろう。[15] その原理的な必然性はともあれ、ハード・リバタリアニズムの

(14) たとえば、現代正義論上のリバタリアニズムの中心的存在であるとされるノージックは、「自由がパタンを崩壊させる」ということを重要視していた。彼にとって、ブレナンが言うような社会正義の実現が重要であったとは考え難いし、むしろ、自由はそのような「幻想」を打ち破るものだと考えられていたのではないか（Nozick (1974) ch.7, sec.1）。もっとも、ノージックが採用した「ロック的但し書き」は、彼自身によって、まず問題にならないということが強調されるが、これも一種の（非常に弱い）パターンではないのだろうか、という疑いもある。この点については、後述。

(15) たとえば、Friedman (1989)。

信念を端的に、資本主義の社会は社会主義の社会よりも裕福である、と記述することができるなら、ここでの問題は各々の社会の富の総量についてであって、その分配状況の問題ではない。ここでハード・リバタリアンが、各人の福利的な帰結がよくなると主張するならば、それはしばしば論じられるように、近代以降の市場経済の発展によって、人々の生活レベルは劇的に改善・上昇したとされることを主張するものである（現在の平均的な人は、中世の王よりも豊かである、というように[16]）。しかし、これはあくまで社会の富や福利の総量の増加を考えた場合に、各個人の状態も改善されるに違いないという信念であり、たとえば、最も恵まれない者の状態であるとか、絶対的な貧困にある者の状態を改善するということに関心が向けられているわけではない。一方で、（新）古典的自由主義は、経済的な発展を促進する自由な市場経済・制度と、その帰結において、貧困をなくすような施策・制度の両方にコミットしている。ハード・リバタリアンたちは、それらは両立しないと考えたが、（新）古典的自由主義者たちは両立する、さらには、社会正義が自由な市場・制度を要請するのだと考えた。

筆者がどのように考えるのかについては後述するが、ここで確認しておくべきことは、両者の帰結に対するウェイトの置き方が明らかに異なるということである。おそらく、リバタリアニズムについて考える上で、（新）古典的自由主義の特徴は、帰結に対する態度にある。それはアスキュー分類に登場した意味でのリバタリアニズムの帰結主義的正当化とは違う関心に導かれた、分配的正義についての帰結（分配のパターーン）に対する態度である。これ以上詳細に古典的自由主義の内容について論じるには、すべてを政府機能の規模・役割として論じることが適切でないような、分配的正義の原理によるさらなる分類が必要であるように思われる。もっとも、ブレナン分類は、これを明らかにするような原理を提出しているわけではない。それはまた、（新）古典的自由主義が擁護する社会正義とは何かという別の問いが必要になるので、ここでは詳論せず、別の分類方法に目を移すことにする。

（3）スティーブン・ナサンソンの分類

以下では、よりアスキュー分類に近い形で、より細かく（アスキューが言うところの）「古典的自由主義」カテゴリーを分割して論じているナサンソンの分類を見ていくことにする。

ナサンソンはリバタリアンではない。この議論において彼の意図するところは、アメリカにおける政治的分極化（political polarization）の問題を素材に、これに対する処方箋を与えることである。ナサンソンは、様々な政治的・経済的なシステムのスペクトル的な分類を行うことで、アメリカの二極分化した政治・経済観の間に、いくつかの認知的な補助を与えようとしている。その主な関心は現代アメリカの政治状況にあるものの、この分類は、アスキュー分類を検討した際に生じた、どこまで（から）が古典的自由主義なのか（ではないのか）という問いを検討していく上で、筆者にも認知的

（16）Brennan and Tomasi（2012）. また、ロックの自然状態のようなベース・ラインより悪化することはないものと想定している議論として、Nozick（1974）Ch.7, Sec.1.

な助けを与えてくれることだろう。以下、ナサンソン分類について紹介・説明していく[17]。

政治的分極化を避けるためのスペクトル的分類

政治においては、不一致（disagreement）が常に存在するものであるが、すべての不一致が分極化（polarization）に至るわけではない。分極化は、一団となった多くの人々が、正反対とでも言えるほど、一貫して異なった考えを持つときに起こる現象である。このような状態が甚だしくなったときに、人々は思慮深さ（civility）を保つことができなくなる。このような分極化は珍しいものではないし、時には破壊的なものになりうる。たとえば、アメリカにおいて、奴隷や人種差別、ヴェトナム戦争についての対立は、その代表例である。極度の分極化の危険性を考えれば、そのような考えの極端さを緩和する策を講じる必要がある。そのために、概念化（conceptualization）の問題は重要であり、より良い概念化は、思慮深さや有効な意思決定のために、政治的分極化の脅威を和らげるはずである。

二〇〇九年にアメリカでは、オバマ大統領がリーマン・ショックに始まるアメリカ経済の危機を救うために、企業を援助する政策を打ち出したが、この政府による経済への介入は、その（極端な）批判者によって社会主義的であるとされた。その上、オバマの真の狙いは、アメリカの自由市場・資本主義経済を掘り崩すことにあるとまで批判された。二〇〇八年の大統領選挙の際には、オバマとマルクスが肩を組む、次のような画像が出回っていた[18]（図1）。

多くの人が、オバマがマルクスの社会主義を奉じていると考えることはばかげていると考える一方

図１　マルクスと肩を組むオバマ

で、この見方はアメリカにおける政府と経済についての考え方の概念的スキームを考えれば、説得力を持つものでもある。では、このような批判がまかり通るのはなぜか。それはアメリカにおいて、政府と経済の関係について「資本主義」と「社会主義」という二元的な概念スキームが横たわっているからである。この視点からは、アメリカにおける多くの問題が、アメリカは資本主義か、さもなくば社会主義か、どちらであるべきなのかについての対立だと考えることになる。たとえば、メディケアが提案されたときに、二〇一二年の共和党の予備選挙において、ミシェル・バックマンは、オバマと（共和党の候補だった）ミット・ロムニーの両者を、ともに「社会化された医療」を擁護する社会主義者であると批判した。その上で、両者の違いは、オバマが「制御の利かない（out-of-control）社会主義者」である一方、ロムニーは「慎ましやかな（frugal）社会主義者」であることだとしたこ

(17) 以下、本項のナサンソンの議論は Nathanson（2014）を参照。
(18) 同じような画像は、二〇一二年の大統領選挙の際にも出回った。

表2　資本主義と社会主義の定義

	資本主義	社会主義
所有形態	私的所有	公的所有
生産・分配システム	市場システム：私的生産・販売	計画経済、生産・分配の公的管理
割り当てルール	支払い能力に応じて＋贈与	必要に応じて、または、平等な共有

とは象徴的である。このような批判が可能であったのは、資本主義と社会主義がしっかりと定義されないままに用いられたからであり、様々な意見や提案が、このシンプルで曖昧な二分法に投げ込まれてしまったからである[19]。ゆえに、まず、これら二つの概念の定義を明らかにするところから始めなければならない。表2は資本主義と社会主義の所有形態、生産と分配のシステム、財やサーヴィスの割り当て原理（ルール）を示している。

資本主義では、私的所有の下、私的な個人や集団が生産・分配・消費を市場システムを通して行うので、政府は最小限の経済的役割しか果たさない。一方、社会主義では、あらゆる経済活動が政府を通して行われ、政府が経済を動かすことになる。

もし、これら二つだけが選択肢なのであれば、それらの重要性と、その間の差異の極端さは、いずれか一つを選択する合意か、劇的な意見の分極化をもたらすことになるだろう。アメリカにおいては、社会主義の強力な擁護はほとんど行われていないにもかかわらず、現実には分極化が起きている。なぜか。それは標準的な概念である「福祉国家」を概念化することが見落とされているからである。アメリカは純粋な資本主義でも社会主義でもなく、実のところ福祉国家なのだが、それは別個のシステムとして認識されていないので、それが一体何なのか、よく理解されていない。というのも、福祉国家的な制度は、ニューディール期に発達し、これによって政治・経済的システムは変化したのだが、資本主義イデオロギーはそのまま維持されたからである。それは人々に、資本主義を救う「新しい形態の資本主義」として理解されてしまったため、福祉国家の明確な理解と、それを支持する理由は欠けてしまったのである。福祉国家は表3のように理解される。

純粋な資本主義と社会主義が、それぞれ市場と政府だけを支持しているのに対して、福祉国家は基本的に市場システムを擁護しつつ、いくつかの財やサーヴィス分配については、市場ではなく政府によってなされるべきだと考える。この福祉国家の存在は、資本主義と社会主義の間での極端な二者択一を避けることに資する。福祉国家の目標は、人々に最も重要な財へのアクセスを確保することによって、福利を増進することである。ゆえに、福祉国家にとって重要なのは、市場によるか政府によるかということではなく、目標を達成するために、どの財を市場によって、どの財を政府によって分配するべきなのかという問題である。これに対して資本主義の擁護者は、福祉国家は社会主義の別名以外の何物でもない、福祉国家とは結局、政府によって市場システムをひっくり返し、「必要に応じ

(19)　二〇一六年の民主党の大統領候補者争いではバーニー・サンダースが民主社会主義者を自称し、最終盤まで善戦した。これはまさにこのシンプルな二分法を逆手にとって、自らの位置を際立たせることに成功したからかもしれない。これは今なおこのような二分法がアメリカに染みついていることを示すものであるように思われる。

表3　資本主義・福祉国家・社会主義の定義

	資本主義	福祉国家	社会主義
所有形態	私的所有	主に私的所有	公的所有
生産・分配システム	市場システム：私的生産・販売	主に市場システム＋政府によるいくつかの資源の生産と分配	計画経済、生産・分配の公的管理
割り当てルール	支払い能力に応じて＋贈与	支払い能力に応じて＋贈与＋法的に保証された、いくつかの資源へのアクセス	必要に応じて、または、平等な共有

て」割り当てるということなのではないかと批判するかもしれない。しかし、多くの資本主義の擁護者は、政府による治安維持活動や初等教育の保障（ex. 教育バウチャーなど）を当たり前のことだと考えている。現に、我々はこれらの市場によらない、「社会化された」部門を支持している人々を社会主義者だとは考えていないし、ほとんどの財やサーヴィスについては生産・分配が市場システムによってなされている。このように福祉国家は、資本主義と社会主義のいずれでもなく、各システムの良いところを取り、悪いところを排除した、ハイブリッド・システムなのである。もし、福祉国家が最終的には拒否される選択肢になるのだとしても、それが選択可能なシステムだと認めるべきである。

このようなカテゴリーを作っていくことは、たとえば、我々が様々な種類の犬について語るときに、プードルやハスキーというようなサブ・カテゴリーが有用であることと同様に、政治・経済的な議論をする際にも有用である。このようなサブ・カテゴリーなしでは、我々の犬について考える能力

表４　システムのスペクトル的分類

市場100％・政府０％	無政府資本主義
	最小国家資本主義
↑	審判国家資本主義
	実践的資本主義
	危機救済福祉国家
	機会福祉国家
↓	ディーセント・レベル福祉国家
	市場社会主義
市場０％・政府100％	国家社会主義

は極めて限定されてしまうが、資本主義・社会主義・福祉国家について語る場合にも同じことが言える。この三つの概念化であっても、まだ、大まかなものに過ぎない。資本主義・社会主義・福祉国家はそれぞれ、重要な意味で異なったサブ・カテゴリーに分かれている。そのようなサブ・カテゴリーは、我々により多くの細やかな選択肢の認識を可能にし、それらについて考える能力を上昇させてくれるはずである。表４は、市場と政府の役割の程度を指標とした、システムのスペクトル的分類を表しており、それら各々には名前が与えられている。

以下では、この分類のうち、四つの資本主義と三つの福祉国家について論じていく。

四つの資本主義

ここでは、表４で分類した四つの資本主義について、主に政府の役割に注目して、説明していく。表５はその特徴を整理したものである。

表5　四つの資本主義

	市場と政府の役割	誰が何を得るかについての割り当て基準
無政府資本主義	純粋な市場、政府なし 政府サーヴィスなし	各々の支払い能力に応じて ＋贈与 保障された資源なし
最小国家資本主義	市場システム *＋政府による、強制と詐欺からの保護*	各々の支払い能力に応じて ＋贈与 *＋警察・軍隊による保護へのアクセスの保障*
審判国家資本主義	市場システム ＋政府による、強制と詐欺からの保護 *＋政府による経済的ルールの作成・審判・所有権の決定・紛争の裁定・市場ルールの執行*	各々の支払い能力に応じて ＋贈与 ＋警察・軍隊による保護へのアクセスの保障 *＋市場ルールの作成・裁定・所有権の執行*
実践的資本主義	市場システム ＋政府による、強制と詐欺からの保護 ＋政府による経済的ルールの作成・審判・所有権の決定・紛争の裁定・市場ルールの執行 *＋他のいくつかの重要な社会的利益の提供*	各々の支払い能力に応じて ＋贈与 ＋警察・軍隊による保護へのアクセスの保障 ＋市場ルールの作成・裁定・所有権の執行 *＋社会的に有用な利益への限定的なアクセス（教育・公園・いくつかの負の外部性からの保護など）*

〈無政府資本主義（anarcho-capitalism）〉

政府の役割はない。無政府資本主義者は、市場に由来する自由・権利・個人主義・私的所有・市場システムにコミットメントを持っており、政府が市場に関与することを拒否する。

〈最小国家資本主義（minimal state capitalism）〉

最小国家資本主義の擁護者は、様々な理由で無政府資本主義を拒否するが、その主な理由は、無秩序な無政府状態への移行を危惧するというものである。それゆえ最小国家資本主義者は、政府の防衛的な役割（だけ）を正当であると認め、「夜警国家」を擁護する。そして、その分だけの強制的な課税を要求する。しかしこの立場は、なぜ他の必要不可欠な財やサーヴィスを政府が提供することが正統ではないのかという問いに行き着くことになる。ロスバードのような無政府主義者は、警察サーヴィスを税金でまかなうことが正統なら、多くの他の活動（ex. 国有の製鉄会社を作ること）を税金でまかなうことが等しく正統でないのはなぜか分からないと論じる。それゆえ、最小国家資本主義の擁護者は、無政府主義者と政府により多くを望む論者に対して、政府によって強制と詐欺から保護されることが特別であることを示す必要がある。

〈審判国家資本主義（umpire state capitalism）〉

審判国家資本主義の擁護者は、強制や詐欺を妨げることだけを政府がなすべき、という最小国家資本主義の見方を拒否する。審判国家資本主義者は、市場を強力に支持するが、市場はそれ自身では解決することのできない問題も作り出すと考える。市場は「見えざる手」のようにはすべての問題を解決しないので、市場システムの参加者の行為を管理するルールの作成と執行を政府に任せる必要がある。たとえば、市場がもたらす問題、主に独占の問題は、政府によって解決されるべきものである。ある財やサーヴィスの供給について独占が生じると、競争がなくなり、市場システムの利点を生かすことができなくなる。それゆえ、政府は市場での独占を予防・破壊する必要があり、強制と詐欺からの保護以上の役割が必要になるのである。そのために、何が強制や契約違反なのか、また、所有権の確定について決定する、立法や司法が必要である。審判国家資本主義は、市場システムをすべて自己制御なのではない、複雑なシステムであると考えており、市場システムが十全に機能するためには、政府には最小国家以上の役割が必要になる、と考えているのである。

〈実践的資本主義（pragmatic capitalism）〉

実践的資本主義の擁護者は、他の資本主義者と重要な価値観を共有している一方、他の資本主義者ほどイデオロギー的に厳格なわけではない。この立場の代表的な論者はミルトン・フリードマンである。フリードマンは、ルールの作成・執行など、審判国家資本主義的な主張をする一方、功利主義や実践的な理由に訴えて、より広範囲の政府の役割を擁護した。フリードマンは市場を愛し、政府の過干渉（over-reach）を恐れたが、単に市場プロセスでは達成の難しいような良い帰結をもたらすという理由で、いくつかの政府の活動を擁護した。ここから見て取るべきは、彼のアプローチのイデオロギー性の薄さである。フリードマンは、自然権や「最も統治しない政府が最も良い」というようなイデオロギカルな原理には訴えかけていない。その一方で、価値あるサーヴィスが私的な支払いによっては実現しない場合には、それを実現する政府の役割を支持している。たとえば、民主的な社会を維持するために必要な公的な初等教育の保障や、市場では有効にニーズを満たせないような公道の整備、環境汚染などの負の外部性への介入などが挙げられている。これは前三者の資本主義には見られない傾向である。実践的資本主義者は、政府よりも市場を強力に擁護し、政府の役割と規模を最小化する道を探るが、重要な財やサーヴィスが市場によって有効に提供されない場合、政府の役割を広く認める用意がある。

三つの福祉国家

以下では、右の資本主義の分類に続いて、福祉国家の分類を紹介する。福祉国家の擁護者には、資本主義者が政府に持つような反感や、社会主義者が市場システムや私的所有に持つ反感がない。彼らはプロセスよりも、人間の福祉（welfare）についての帰結を重視する。それゆえ、政府が何らかの財やサーヴィスを提供することが最も良く福祉を増進するのであれば、その役割を政府に任せることに反対する理由はなく、また一方で、市場の方がより良く増進できるならば、市場に任せるべきである。福祉国家の擁護者は、少なくともいくつかの財やサーヴィスの生産・分配について、政府が何らかの役割を果たすべきだと考えている。各々の異なる福祉国家のタイプは、どのような資源が人々に保証されるべきか、また、その保証の理論的根拠がどのようなものかを反映したものになっている。表6はそのような視点から福祉国家を三つに分類したものである。

〈危機救済福祉国家（emergency relief welfare state）〉

危機救済福祉国家の擁護者は、平時においては資本主義者の見解に同意しており、人々は市場を通

表6　三つの福祉国家

危機救済福祉国家	機会福祉国家	ディーセント・レベル福祉国家
市場システム ＋政府による、強制と詐欺からの保護 *＋他の生命を脅かす様な危機状態からの保護*	市場システム ＋政府による、強制と詐欺からの保護 ＋他の生命を脅かすような危機状態からの保護 *＋教育へのアクセスの保障* *＋他の機会を生み出すような資源へのアクセスの保障*	市場システム ＋政府による、強制と詐欺からの保護 *＋ディーセント・レベルの福利に必要な資源の提供の保障（ex. 貧困の撲滅に十分な程度）*

じてニーズを満たすべきだと考えている。しかし、人々が自ら糊口を凌ぐことができない、文字通りの死の淵に至るような危機的状況においては、国家が人々を援助するために介入することが許される。なぜならば、そこに自ら糊口を凌ぐことのできない人々がいて、直ちに援助しなければ死んでしまうだろうからである。言い換えれば、危機福祉国家は独立独行（self-reliance）と思いやり（compassion）の両方にコミットしており、独立独行の理想が満たされず、国家による保護が必要な場合があることを認めつつも、思いやりはごく限られた形の危機救済として反映されるが、危機が去れば、その人は再び独立独行で生きていかなければならないと考えているのだ。非常に限定的なものに思われるかもしれないが、危機救済福祉国家は、無政府資本主義・最小国家資本主義・審判国家資本主義が提供することになるであろうよりも多くのもの（ex. 食品、住居、医療）を全市民に提供することになるだろう。しかし、一方で、実践的資本主義と危機救済福祉国家を比較した場合に、危機に際して、どちらがより多くのものを提供することになるかは、実践的資本主義が明確な基準を示していない

ため、明らかでない。

〈機会福祉国家（opportunity welfare state）〉

機会福祉国家の擁護者も独立独行に価値を認めるが、いくつかの深刻な危機は、より長期的な問題から帰結していると考える。それらは人々が大きく異なった状況から人生を始めることによる不公正さに起因しており、その結果として、人々の市場競争のプロセスを有利／不利にする、受けるに値しないアドヴァンテージ／ディスアドヴァンテージがもたらされるのである。機会福祉国家の擁護者も、人々を危機から救うことを支持するが、しかし、そのような介入は小さすぎる上に、遅すぎるのだと考える。彼らは、正しい社会は、適切な教育やその他の機会を創出するような資源を保証することによって、その構成員に競争市場経済で成功するための真の機会（genuine opportunity）を提供するものだと考えている。ただし、政府が提供すべきものは機会にとどまり、競争的な市場経済において実際に成功するか失敗するかには責任がない。政府が提供する責任を負う資源は、あくまで、成功するチャンスをもたらすためのものであって、成功そのものではないのである。それゆえ、もし、成功することができず、貧乏になってしまっても、政府がさらに追加的な資源を与えることはない。上述のような「真の機会」にコミットすると、個々人に実質的な資源を提供することになる。そのため、たとえば、公的な教育の提供だけでは十分ではなく、十分な栄養や健康の管理、生まれや生育の環境が特に若年者に与える影響への配慮など、様々な実質的な介入をしなければならないかもしれない。機会福祉国家の擁護者は、機会の弱く狭い理解で十分であると考えるかもしれないが、その目標を達成するには、生まれながらに異なる経済的社会的地位が子供たちに与える影響の克服という、非常に困難な仕事に取り組むことになる。そのために、政府は様々な種類の財やサーヴィスを提供することを擁護しなければならない。

〈ディーセント・レベル福祉国家（decent level welfare state）〉

ディーセント・レベル福祉国家の擁護者は、危機救済福祉国家を、人々の福利を脅かす長期的な問題に取り組むことができないという理由で、機会福祉国家を、人々の間での市場で成功するための能力の不均衡を取り除くことに成功しそうにないという理由で、それぞれを退ける。ディーセント・レベル福祉国家は全構成員にディーセント・レベルの福利を提供することを目標とする。ディーセント・レベル福祉国家の擁護者は、ディーセントな生活に必要な資源へのアクセスと、有給雇用（paid employment）を切り離すことによって、市場での成功如何によらず、ディーセントなレベルの福利を目指すことで、貧困を終わらせようとする。貧困とは、ディーセント・レベルの福利を獲得するのに必要な経済的資源がない状況を指すので、ディーセントな生活のための資源を保障するという目標は、貧困を撲滅するという目標と同じである。このディーセント・レベルを基準とするシステムは福祉国家であるが、福祉国家という名前ながら社会主義を思わせるかもしれない。しかし、それは誤解である。ディーセント・レベル福祉国家は、人々に最低限（floor）の資源を提供するが、社会主義と異なって、収入や富の上限（ceiling）を設定していない。それゆえ、社会主義が許容しないであろう、社会的・経済的な不平等をそのままにしておくことになる。また、ほとんどの財やサーヴィスの生産や分配を市場によって行うので、ディーセント・レベルの生活のための資源の保障によって市場システムを改良するものだが、取って代わったり、破壊しようとするものではない。

ナサンソン自身は、ディーセント・レベル福祉国家が最も有望な国家の形態であるとしている。もちろん、ナサンソンは、以上の分類が国家についての網羅的な分類であるとは主張しているわけではないし、ここで説明したもの以外をまじめに考える必要がないと言っているわけでもない。何より、分類だけを示した二つの社会主義の形態については、その詳細な内容を論じておらず、より強く平等を志向し、市場プロセスの結果に、より強力な制限を設けるようなシステムも存在する。たとえば、ロールズの格差原理がもたらすであろう、最も恵まれないものの福利を最大化しようとするような議論は、貧困の撲滅を目標とするディーセント・レベル福祉国家を超えて、より不平等に制限を設けようとするものである。このような立場に加えて、現在は政治的にほとんど支持者を持たないような、よりラディカルな立場にも、注目に値するようなものがあるかもしれない。その意味で、このスペクトル的分類は限定的で、例示的なものに過ぎない。

ナサンソン分類の検討

ブレナン分類の検討の際にも述べたが、ナサンソン分類においても、政府の役割・規模が大きくなるにつれて、福利的な帰結についての考慮が強く働く傾向にあるように思われる。ナサンソンも、福祉国家はプロセスやイデオロギー的な厳格さよりも、結果の福利的な状態を重視すると論じている。アスキュー分類に見られるような、アナルコ・キャピタリズムを始点とする、従来のリバタリアニズム理解の視線でこの分類を辿るとき、消極的な権利観・福利的な帰結の軽視・市場の絶対視から、積極的な権利観・福利的な帰結の重視・市場の相対視への変化を追っているように見える。もっとも、ナサンソンも論じていた通り、実践的資本主義・危機救済福祉国家・機会福祉国家が、政府の規模について上記のスペクトル的分類通りの並びに必ず落ち着くのか、ということには検討の余地がある。それは、実践的資本主義の国家の役割の不確定性、さらには、機会福祉国家の「真の機会」概念の解釈の広狭によるブレによってもたらされる。ここには、本章の問いにアプローチするヒントがあるように思われる。

また、上述の通り、ナサンソン分類は、アスキュー分類の国家観の指標と類似した並びになっている。本章の関心の大部分は、アスキュー分類で言うところの「古典的自由主義」に該当する部分がどこまでなのか、どこからはそうではないのか、という点に集約される。アスキュー分類での古典的自由主義の特徴である、公共財や最低限の福祉の提供をするという基準は、ナサンソン分類においては審判国家資本主義からディーセント・レベル福祉国家まで、いずれの場合にも言及されている。このことは、アスキューとナサンソンが、アナルコ・キャピタリズムと最小国家論についての共通了解を持っていることを意味している。問題は、アスキューが古典的自由主義は「ある程度の」公共財や福祉の提供を認めている点であり、これがどの程度からは「度を越えた」提供であると評価されることになるのかが不明な点である。残念ながら、この点について、アスキュー分類との比較からだけでは、確たる手がかりがつかめそうにない。

二　国家論に先立つ分配原理論――リバタリアニズムの分類論から分配的正義論へ

仮に、ナサンソン分類の審判国家資本主義からディーセント・レベル福祉国家までが、アスキュー分類の古典的自由主義に含まれるとしよう。そう考えると、古典的自由主義はディーセント・レベルの福祉を供給する政府を擁護することもできるし、市場競争のための「真の機会」を与えるような教育や生育環境まで考慮に入れたサーヴィスを提供する政府も擁護できることになる。アスキューは、古典的自由主義には、このような国家が含まれることはないと論じるかもしれないが、原理的にはこれを排除することはできないと思われる。また、古典的自由主義という概念は、これらの国家を区別する指標を持っていない。しかし、現在の平等論を中心とした正義論の展開は、これらのうちの前者を、ディーセンシーを閾値とする福利的な十分性説（sufficientarianism）にコミットする議論、後者を厚生の機会の平等（equal opportunity for welfare）を擁護する議論と記述することができる。[20] もし、このように古典的自由主義の内容を分配原理の用語で書き表すことができるのであれば、分類論としての能力は、アスキュー分類よりも高いということができる。そう考えると、古典的自由主義がどこまでであるかという政府規模論よりも、どのような分配原理を支持するのかという分配原理論の方が、分類として有用であるように思われる。

もちろん、従来のリバタリアニズムにとっては、政府の規模こそが問題であったことは、アスキューの記述からも明らかである。そうであれば、国家の問題から一度切り離して考えるということが、何か問題を生むのではないかと考えられるかもしれない。しかし、それは杞憂に過ぎないのではないか。というのも、分配原理論は、どのような状態が達成されるべきパターンであるのかを、権利や義務などの規範的な概念によって体系的に記述するものであり、それを誰が（政府が？）、どのように実現するべきか（社会保障？）は、次の段階の議論であると考えられるからである。つまり、政府の規模から議論を始めるということは、その内容や基準についての議論の分析をより複雑なものにしてしまうように思われるのである。政府規模の問題として捉えた古典的自由主義というカテゴリーは、我々には、各々の関心の対象を、各々の基準によってパターン化する議論が跋扈するカオスとして立ち現れてくるのである。ゆえに、もし、古典的自由主義を政府規模の問題として捉えるとすれば、リバタリアニズムの語は、ある程度の幅の政府規模論の総称となり、これをより細分化されているると思われる分配原理論の問題から検討するということには、一定の利点があるように思われる。そして、これが了解されるときには、既にリバタリアニズムという語自体は、分配原理論上の党派性を表す言葉であることができなくなっていることには注意すべきだろう。というのも、ここで問題になっているいずれの分配原理論を採るかによらず、リバタリアニズムであることは可能であるからである。

しかし、ここまでの議論が、あらゆる分配原理論がリバタリアニズムたりうるということを示しているのではない、ということについては急いで付け加えておくべきことだろう。ここまでの議論の比較から分かったことは、あくまで、ディーセンシーを閾値とした十分性説や、（ナサンソンは疑義を呈したが）かなり弱い解釈の機会の平等を擁護する議論が古典的自由主義に含まれるかもしれない、ということだけである。ナサンソンの分類には続きがあることを見逃すべきではない。ナサンソンの分類とアスキューの論調を照らし合わせて考えると、古典的自由主義には社会主義と呼ばれるような議論が含まれるとは思われない。

仮に、リバタリアニズムが十分性説的分配原理を擁護する福祉国家論、ナサンソン分類に従った表現で言えば、ディーセント・レベル福祉国家論でもありうるならば、リバタリアニズム以外の立場はすべて何らかの社会主義であるということになる。古典的自由主義を含むとするリバタリアニズム理解は、自らの立場以外を社会主義であると主張する議論なのだろうか。ナサンソン自身は、より実質的な不平等を制限する立場が様々に存在しうることを認めているが、そうであるとしても、我々のこ

(20)　もちろん、いずれの記述も、その閾値の設定方法や、どのような場合に機会が平等であったかを評価するかについて、別の議論を要求している。しかし、少なくとも、どちらも古典的自由主義に含まれうる、と記述するよりは、かなり分析的であるように思われる。

れまでの議論からすると、あまりにもリバタリアニズムと呼ばれる立場が幅を利かせすぎているのではないだろうか。これまでリバタリアニズムが論敵としてきた拡大国家、「福祉国家リベラル」とは社会主義の言い換えでしかなかったのだろうか。これは直感的に、不当なリバタリアニズムの肥大化と希釈が行われているように思われる。その状況は、たとえば、大屋雄裕が自身のブログの表題にした、象徴的標語「ぼくもわたしもリバタリアン[21]」の状況を作り出しているように思われる。本章の議論が、そのような方向に棹差していることは否定することができないが、本章はそこに一定の歯止めを提供することを試みたい。それは、ナサンソンが提出していたように、ロールズの『正義論』における分配原理論が福祉国家と呼ばれる議論よりも、より実質的な平等を志向しており、古典的自由主義とは一線を画する位置に存在するのだ、ということから導くことができるだろう。そこで、ノージックをはじめとしたリバタリアンたちが拡大国家、「福祉国家リベラル」と呼んで批判の対象としてきた、ロールズの議論を瞥見することにしたい。

ロールズは『正義論』の改訂版の序文において、自らの『正義論』初版の議論について、次のように述べている。

> 今の時点でなら違った書き方をするであろうと思われるもう一つの修正点は〈第五章で導入された〉〈財産所有のデモクラシー〉（property-owning democracy）と〈福祉国家〉（welfare state）という二つの理念を、もっと明確に区別するということである。[22]

これらのうち、ロールズは前者を擁護している。では、それらはどのように異なるのか。ロールズにとって、福祉国家とは次のようなものである。「〈福祉国家〉が掲げる目標は、いかなる人もそこそこの生活水準以下に陥らないようにすることであり、またすべての人が（たとえば失業手当や医療ケアといったかたちで）偶発事故や不運からの一定の保護措置を受け取ることになる。〔中略〕だが、このようなシステムは、甚大な富の不平等、しかも相続譲渡の可能な富の不平等を許容してしまうかもしれない。この種の不平等は（第36節で導入されることになる）政治的諸自由の公正な価値とは両立しえないし、大幅な所得格差は格差原理を侵害しさえもする。公正な機会均等を守るために何らかの努力がなされるにしても、富の格差とそれが容認する政治的影響力の大きさを考えると、そうした取り組みはじゅうぶんでないか、さもなければ実効性の乏しいものにとどまるだろう[23]」。ロールズによる評価は措くとしても、ここでロールズによって示されている福祉国家理解は、ナサンソン分類の「福祉国家」理解と多くの部分が一致している。福祉国家においては、政府によって介入されるべき一定の事態は存在するが、富の不平等それ自体が問題とされて是正されるわけ

(21)　大屋雄裕によるブログ「おおやにき」の二〇〇六年三月十八日のエントリーの表題（http://www.axis-cafe.net/weblog/t-ohya/archives/000302.html）。このエントリーは森村（2005）合評会の際のものである。

(22)　Rawls（1999）邦訳 pp.xvi-xvii. もっとも、ロールズの立場が一定したものか否かという問題は、頻繁に議論の対象になってきたが、ここでは、ロールズ自身の『正義論』理解を扱う。

(23)　*Ibid.* 邦訳 pp.xvii-xviii.

ではない。福祉国家の目標は、あくまで、貧困の根絶をはじめとした、福利的な状況の（および、そこに至る機会の状況の）改善である。

一方、財産所有のデモクラシーはどうか。

〈財産所有のデモクラシー〉が目指すものは、自由かつ平等な人格と見なされる市民たちによる、長期にわたる公正な協働のシステムという社会の理念を実現することにある。したがって基本的な諸制度は、市民が社会の十全な協働メンバーでありうるための生産手段を一握りの人びとだけにではなく、市民全員の手にはじめから委ねなければならない。強調されるべきは、資本および資源の所有権が相続と譲渡に関する法律によって、時間をかけて着実に分散されること、公正な機会均等が教育や訓練の機会の提供などを通じて確保されること、そしてさらに諸制度が政治的自由の公正な価値を支持することである。格差原理の射程と趣旨を余すところなく見極めるためには、〈福祉国家〉ではなく〈財産所有のデモクラシー〉（あるいは〈リベラルな社会主義政体〉）という制度上の脈略において、この原理を理解しなければならない[24]。

財産所有のデモクラシーでは、明らかに各個人間での相対的な平等が重視され、かつ、かなり徹底した財の（分配というよりも）分散が目指されている。そして、ロールズは、彼の格差原理を達成するために財産所有のデモクラシーを、または、歴史的条件や伝統、諸制度および社会的勢力の分布によっては、リベラルな社会主義政体を擁護する[25]。

また、ロールズは別の著作において、次の五つの政体を区別している。それは（a）自由放任型資本主義、（b）福祉国家型資本主義、（c）指令経済を伴う国家社会主義、（d）財産私有型民主制、（e）リベラルな（民主的）社会主義、である[26]。これらのうち、ロールズによれば、彼の提示する正義の二原理に適った基本的諸制度たりうるのは（d）と（e）であるという。また、（b）と（d）の対比において、ロールズは、財産私有型民主制は「富と資本の所有を分散させ、そうすることで、社会の小さな部分が経済を支配したり、また間接的に政治生活までも支配してしまうのを防ぐように働く」が、福祉国家型資本主義は「小さな階層が生産手段をほぼ独占するのを許容」してしまうと論じている[27]。

ここでロールズが念頭に置いて、反感を示した福祉国家の理解は、ナサンソン分類がディーセント・レベル福祉国家と表現したものの理解にとても似ているように見える。ロールズの説明は、かなり複合的で具体的なものになっているので、一致するとまでは断言できないが、問題は閾値を下回るか否か（ナサンソンに沿って表現すれば、貧困を撲滅できるか否か）だ、という関心を持っている点

(24) *Ibid.* 邦訳 p.xviii.
(25) *Ibid.* 邦訳 pp.xviii–xix.
(26) Rawls（2001）邦訳 pp.242–246.
(27) *Ibid.* 邦訳 pp.247–248.

で共通している。これに対して、ロールズ自身が支持した財産所有のデモクラシー（および、リベラルな社会主義）は、明らかに各個人間での平等の程度を問題にしていた。つまり、リバタリアニズムが福祉国家リベラリズムとして批判対象にしてきたロールズ自身が、福祉国家を何らかの最低限（floor, minimum）の保障を擁護するような議論だと理解しており、そこでは、財産所有のデモクラシーが擁護したような、各個人間での関係的平等（relational equality）の観念とはまったく別の関心に突き動かされている、と言うことができるだろう。ここから、リバタリアニズムとそれが批判してきた拡大国家・福祉国家リベラルという国家論の間には、分配原理の差異を見て取ることができる。言い換えれば、福祉国家論は関係的平等論ではなく、最低限の保障を擁護する議論であり、その分配原理によって区別することができるのである。ゆえに、少なくとも、古典的自由主義に含まれる福祉国家論も、各個人間の関係についての平等を目指すような議論ではなく、ある閾値のレベルまで各個人の状況を改善することを目指すような議論のはずである。

もし、上述のように、リバタリアニズムとロールズ的な平等論的リベラリズムの間に線を引くことができるのであれば、国家論それ自体を論じることに先んじて、分配原理論について考えることにも、一応の理由があるように思われる。もちろん、ここで引かれた線は、直感的に言えば、リバタリアンたちが望んだものよりも、拡大国家の方へと滑ってしまったものになっているのかもしれない(28)。しかし、だからといって、リバタリアニズムと名乗ることが何の意味も持たないわけではないことも明らかになった。これから筆者がなすべきことは、ここで得られたリバタリアニズム理解の中で、その最良と思われるヴァージョンを擁護することである。

三　小括

本章では、アスキューのリバタリアニズム分類論を手がかりに、ブレナンやナサンソンの分類と照らし合わせて、リバタリアニズムの意味内容を明らかにする試みの中で、リバタリアニズムにまつわる用語の整理をしてきた。そこでは、アスキュー分類における、古典的自由主義カテゴリーの曖昧さ・開放性を指摘し、ブレナン分類との比較によって、分配原理による分類の可能性を示唆した。そして、ナサンソン分類と比較することによって、リバタリアニズムの国家論と分配原理論を切り離し、後者を先に論じることの有用性を述べた。また、ロールズの財産所有のデモクラシー論との比較によって、古典的自由主義が、少なくとも、関係的平等論とは区別され、一方で、十分性説的な議論、つまり、福祉国家論を受け容れる可能性があることを見た。

しかし、では、リバタリアニズムが、リバタリアンが考えていたほどには国家の規模や政府の役割

(28)　それゆえ、アスキューのように、リバタリアニズムの理解を、アナルコ・キャピタリズムと最小国家に限定することには、一定の分類上の意味と利点があったことは確かである。アスキューは、福利的な配慮という議論が、拡大国家の方へ滑りやすく、古典的自由主義との間に容易には線引きができないと考えていたのかもしれない。

の小ささをメルクマールとするほど誇れないならば、一体何によってリバタリアニズムを特徴付けるべきなのであろうか。既述の通り、自然権論、帰結主義、契約論という正当化根拠のバラエティには、なんら特徴はない。ただ、よく考え直してみるならば、この分類論がリバタリアニズムとは何ものであるかについて、沈黙しているのは当然であるとも考えられるだろう。この分類表においてなされていることは、リバタリアニズムと呼ばれる多様な議論を、それらの差異を捉えることのできる指標によって分類しているからである。言い換えれば、リバタリアニズムの分類であることを謳うアスキュー分類は、分類できてしまう指標ではなく、そこに書かれていないことこそ、リバタリアニズムに共有されるべきものなのだと、いわば「ネガ」として教えてくれていたと考えることもできるのではないか。それを明らかにすることも本書の重要な課題である。

次章からは、前節の最後でも述べた通り、筆者の擁護するリバタリアニズムの構想を明らかにしていくことにしたい。

第二章　リバタリアニズムと正当化根拠

前章では、アスキュー分類の国家論による分類方法の曖昧さを指摘し、国家論の問題に先立って、分配原理の問題を考えるべきであると論じた。本章では、アスキュー分類に従って、リバタリアニズムの正当化根拠について検討していくことにしたい。筆者は、国家論の問題を論じる上での問題性をアスキュー分類の内に見たが、正当化根拠についてはほとんど触れなかった。そこで本章では、既述の通り、リバタリアニズムの生命線である、個人の自由やそれを守るような制度を擁護する上でどのような正当化手段を用いるべきかについて、考えてみることにしたい。それは「なぜ自由か?」「なぜリバタリアニズムか?」という問いに対する有効な回答ができるか否かに関わる問題である。

アスキュー分類によれば、リバタリアニズムの正当化根拠には大きく分けて自然権・帰結主義・契約論の三つがあるとされている。既述の通り、これら三つの正当化根拠は相当程度、独立して存在しているとされており、筆者もそのことに異論はない。しかし、筆者はそれら各々がリバタリアニズムの正当化の手段として同程度に有効であるのか、ということについては疑問を持っている。つまり、アスキュー分類に現れている各正当化根拠の中には、自らの議論が至る先に、必ずしも自らが望んだリバタリアニズムを指し示すことができないものがあるのではないか。このような問題関心に従って、各正当化根拠を検討していくことにしたい。

一　契約論による正当化の検討

前章で述べた通り、契約論のアプローチを簡潔に表現すれば「ある状況下において、合理的な人ならば、個人的自由を尊重するリバタリアンな社会が望ましいものであると合意するはずである（べきである）」というものである。このような筋の議論は、「社会契約説」に代表されるものであり、リバタリアニズム特有のものでも、現代的な正義論に特有のものでもない。たとえば、ホッブズ（Thomas Hobbes）や、これと比較される形でしばしば取り上げられるロック（John Locke）はともに、それぞれが描く自然状態から抜け出し、意思・合意によって何らかの政府の建設に至るだろう、という筋道で議論を進める。

このような古典的な例のほかに、これに類似する契約論的な正当化という手法を用いる論者は現代にも存在する。その代表例こそが、リバタリアンが主たる批判対象としてきたロールズである(1)。ロールズは、「無知のヴェール（veil of ignorance）」という装置を用いて、自然状態とは異なる「原初状態

(original position)」から政府そのものではなく、受け容れられると思われる「正義の二原理(two principles of justice)」を導き出し、そこから導かれる制度を擁護しようとしている。ロールズの議論は、古典的な社会契約の議論とは異なり、自然状態を用いるわけではなく、また、政府の設立それ自体について合意するわけでもないが、何らかの制度を導出する原理について、人々が合意するであろうと想定している点で、社会契約の議論の一種であると考えることができるだろう[(2)]。

以上のように契約論を考えた場合、リバタリアニズムの正当化のみならず、およそ契約論を用いる論者について注目するべき点は、①どのような初期状況の下で、自らの支持する制度や原理に到達させるのかという点、②人々の合意による契約を正当化の理由にしているかという点、この二点に分節化して考えることができる。正当化論としてこのような議論を見た場合、正当化自体を与えているのは、②の何らかの制度や原理に合意するだろう、という点の方である。それは名前の通りに、何らかの意思の合致によって契約を行うということの、いわば「本体」である。しかし一方で、契約論にお

(1) もちろん、ロールズの議論が契約論のみに支えられて正当化されているという理解は正しくないかもしれない。ロールズは、明らかに、二原理が反照的均衡(reflective equilibrium)に裏付けられると考えている(Rawls (1999) sec.20)。しかし、ここでその当否に踏み込むことは本書の趣旨ではないので、ロールズの契約論的な正当化の面だけを取り上げる。

(2) ロールズの議論の進め方に関する批判的検討として、井上(1986) p.98, n.43。本書で言う「契約論」は、何らかの初期状況から、契約によって何らかの制度やそれを導く原理に合意するであろうということをもって正当化する、という広義のものである。

いてその帰結、つまり、どのような契約を結ぶことになるだろうと考えられるかについて、決定的な影響を与えるのは、その契約に至るであろうとされる①の初期状況および条件の方である。契約論を用いる論者は、自らが説得的であると考える初期状況を各々に想定して議論を始める。その想定自体は、原理的には、幾通りもの考え方が可能である。たとえば、上述のホッブズとロックが想定する「自然状態」の状況は甚だしく異なる。その違いこそが、どのような政府を正当化するのかについて、決定的な違いをもたらしていると考えることができる。また、特にロールズに関して、果たして正義の原理を選択する際に、ロールズが想定したように各人の人格的特殊性を道徳的な観点からは恣意的であるという理由で捨象したり、いわゆるマキシミン（max-min）戦略（最悪の状態が最善になるような選択肢を選ぶ）を採用することが意味ある合理的な意思決定であるのかについては、様々な議論が行われている[3]。契約論においては、初期状況の理解、人間本性（human nature）の理解、合理性の解釈など、多くの変数が解釈に開かれている。それゆえ、リバタリアニズムのような個人的自由を尊重する制度・原理が契約論によらなければ導出されないわけではないし、また契約論を採ることがリバタリアニズムを導出することに特に強い親和性や議論を有利に進めさせることはないように思われる。そのような意味で、少なくとも、契約論を採るべき強い理由はない。

また、①と②を用いて議論するのが契約論であるが、この二つは切り離して用いることができないという類のものではない。たとえば、リバタリアニズムの旗手であるノージックの議論は、ロック的な自然状態から出発しながらも、社会契約のような合意によってではなく、市場原理の見えざる手によって、不可避的に最小国家がもたらされることになると論じた。ノージックの議論は仮想史とでも言うべき方法であり、この議論方法にはいくつかの難点が存在するため、完全に成功しているとは言い難いが、各個人間での契約の集積が国家機能を生み出してしまう可能性を示唆している。このことは、社会契約という手段を用いなくても、自然状態のような初期状況から議論を始めて、何らかの政府や原理を正当化することは可能であり、契約論でなければならないということにはならないことを示している[4]。

さらに、契約論がある制度や原理を導き、正当化するということ自体にも、疑いの目を向けるべき部分がある。それは主に②の部分で行われる、人々の合意による契約が、それ自体を理由にして、何らかの制度や原理を正当化するのだ、という議論である。問題は、人々の合意の存在自体が、正当化の理由として適切であると考えるべきであるかという点にある。おそらく、ここで想定されているような人々には、契約を結ぶ様々な理由があるように思われる。たとえば、契約を結んだ方が私の利益になるから、というものや、単に契約を結ぶと私が決めたからだ、というものなど、いくつもの理由が考えられるに違いない。

前者の理由からは、我々がなぜそのような契約を結ぶべきなのかについて、何らかの（当人の）利

（3）例えばHarsanyi（1975）。
（4）井上（1986）第四章。

益になるからだ、という理由が出てきそうである。これは、契約を結んだ方が良い帰結を得られるからだ、という議論である。たとえば、自然状態のままでいるよりも、社会契約を結んで政府を設立した方が、私を含む各人にとって何らかの帰結が良くなるから、社会契約の締結は正当化される、と考えることができる。

では、後者の理由についてはどうか。この理由は、あまり理由になっていないように見えるかもしれない。この理由によって、契約が当事者を拘束するなら、それはなぜなのか。それが契約だからだという議論は、「契約」の概念についてのかなり複雑で混み入った議論が必要とされるように思われ、それは筆者の能力を超えているし、おそらく十分な答えにはならないように思われる。後者の理由において重要なのは、契約を結ぶと決めたのが「私」だからだ、という点だろう。後者の理由は、私は私についての決定を行う権限を享受しており、それこそが自らを契約に拘束させることを可能にする、ということであろう。私が決めたからという理由は、端的に、自己決定(self-determination)の権利の現れである。そのような権利が、たとえば、自然状態の個々人に与えられているので、社会契約の締結が政府の統治を正当化するのだ、と考えることができる。もっとも、このような考え方を採る場合、各個人の特殊性を捨象するに従ってその意義は減退していくことになり、仮想的契約は現実の合意に近付くことを要請される。

このように考えてくると、個人の自由を尊重するようなリバタリアンな制度や原理に合意する社会契約が結ばれ、意味を持ちうるのだとしても、その理由は、帰結主義的なものか、(前国家的なものであるという意味での）自然権的なものに解消されることになりそうである。この結論は契約論者にとって不当な扱いなのであろうか。おそらくそうではない、というのが筆者の考えである。たとえば、契約論の代表的な論者であるとされているブキャナンは、次のように論じている。

本書〔『自由の限界』〕は、長い間、博学な哲学者が論じてきた問題を扱っており、その議論は、専門家によって論じられてきた。〔中略〕私は、経済学者として、契約の専門家であり、ひとたび個人の価値が基本的要素として受容されるなら、契約説的アプローチは、私の同業者にとって擁護しうるものとなる。なんとかして、契約説的解釈を粉砕しようとしてきた学者には、私の努力が彼らの批判に答えていないように思われるであろう。彼らの批判に答えることが私の目的ではないし、即座に契約説的アプローチを拒否する人は、純粋な経済学者の試みにはほとんど何も見いだせないだろう。[5]

一人の経済学者の記述を一般化できるかについて措くとするならば、この議論は究極的には哲学的正当化を目指していない、と見ることができる。その意味で、政府や制度について、哲学的な検討を目指す筆者のような論者は、ブキャナンにとって「契約説的アプローチを粉砕しようとしてきた学

（5）Buchanan（1975）邦訳 p.9.

者」であり、それゆえ「純粋な経済学者の試みにはほとんど何も見いだせな」かったのかもしれない。筆者が下した結論は、ブキャナンの筋書き通りだったということかもしれない。

以上の議論から、次のように言えるだろう。すなわち、リバタリアニズムの契約論的アプローチは、個人の自由を尊重するようなリバタリアンな政府や原理に合意し、社会契約を結ばせることができるが、なぜそのような契約に合意するのかについては、ブランクになっている。そのブランクは、合理性をはじめとするような帰結主義的理由か、そのような契約を結び、拘束されることを決定する権限があるという自然権的な理由によって埋められるように思われる。よって、次にこれらのうちのいずれが、リバタリアニズムの正当化論として適切であるか、ということを検討しなければならない。

二　帰結主義による正当化の検討

本節では、帰結主義的な正当化について検討していきたい。リバタリアニズムの帰結主義的な正当化は、「個人の自由の尊重や、リバタリアンな社会であることが、良い帰結をもたらすので、そのような社会は望ましい」という論法を採り、リバタリアンな社会の望ましさや、個人の自由の重要性を、それらがもたらす帰結によって評価しようというものである。

この帰結主義と呼ばれる議論の中には大きく分けて、功利主義的な議論と法と経済学的な議論が含まれる。[6] ここでは、『自由のためのメカニズム』[7] における、デイヴィド・フリードマンの議論を見ていくことで、リバタリアニズムの帰結主義的正当化を検討していきたい。本書は大きく四部に分かれており、第一部では、経済学的な観点から、私有財産制度を尊重する資本主義が、いかに社会主義よ

（6）もっとも、ハイエキアンや、その系譜に連なる研究者は、この二つに加えて、進化的な帰結主義や、「開かれた帰結主義」が取り上げられていないことを批判するかもしれない。筆者はその可能性を認識しており、それも自由市場や（広義の）リバタリアニズムの魅力の一つとして数えることもできるだろうと考えている。しかし、問題は、我々の認識能力を越えた予期せぬ帰結によってもたらされる良さ（善さ）というものが、ここで簡潔に表現した「帰結の良さ」という意味での帰結主義の評価の射程に、おそらく、納まりきらないであろうという点にある。ここで挙げた功利主義と法と経済学は、全体の効用が最大化されるか（あるいは、少なくとも、効用の増大に資するか）、合理的な（最適な）制度であるか、ということによって評価できる（と考えられている）。一方、進化的な帰結主義や「開かれた帰結主義」の「帰結」は、どの程度思わしい帰結が起きるのか（起きないのか）、はたまた思わしくない帰結になってしまうのか、それが分からないところに、この立場の魅力があると言える。その魅力が、本当に存在するのだとしても、それは、ここで言うような帰結主義独自の取り分であるというよりは、自由を擁護する議論すべてが支持できるような取り分であるように思われる。「我々の経験」上、自由な市場経済がパイの拡大や、その他さまざまな効用をもたらしてきたことは確かだが、このような「進化」が起こるということ自体は、事前に予期されたわけでも、判断できたわけでもない。直感的には、統制経済よりも自由市場経済の方が、進化が起こりやすいのかもしれないという気はする（し、そう考えたい）が、それ以上でもそれ以下でもない。それゆえ、「開かれた帰結主義」についても、本書が評価の対象とする射程にない、というのが本書の立場である。そのような一連の進化的なアプローチの紹介として尾近・橋本（2003）、「開かれた帰結主義」については、嶋津（2011）を参照。

（7）Friedman (1989).

りも優れているのか、そして、どれほど政府が市場や財の分配に手出しすることが愚かしいかを、様々な例を挙げて述べ立てていく。第二部では、フリードマンの執筆当時における政府機能や制度のあり方を、リバタリアン的に、どのように再編していくかが述べられている。いささか比喩的に言い換えれば、第二部の副題の通り、国家を分割して売却する方法を論じている。第三部では、第二部のような現状の制度から議論を始めて、どのようにフリードマンの理想に近付くかという議論ではなく、アナキストであるフリードマンが、無政府（anarchy）が無秩序（chaos）とは異なり、アナルコ・キャピタリズムの社会がどのような秩序を持って機能するのかについて考察している。第四部は、本著作の第二版において付け加えられたもので、様々な議論の方法が取られている本著作を、全体として統一的に理解するための、やや原理的な議論や新たに考えられるべき事例についての著述が展開されている。本書は、その著述の具体性や、目を見張るような画期的な提案、リバタリアニズムを徹底的に追求する姿勢など、読むべき部分が大変多い著作であるが、本節では、本書の目的のために、第四部の原理的な議論について扱うことにする。(8)

フリードマンの中核的な主張は、大きく二つに分けられると考えられる。一つ目の主張は、「リバタリアンな原理の単純な言明は受容できないような結論に至るので、それゆえに拒否されなければならない(9)」というものである。フリードマンによれば、（ノージックやロスバードをはじめとした）多くのリバタリアンは、リバタリアニズムには、そこから何でも導き出されるような、一つの、単純で説得力のある道徳原理が存在していると考えている。しかし、たとえば、リバタリアニズムが擁護するような強力な財産権は、様々なケースで、様々な受け容れられない帰結を導いてしまい、それらの直観的な説得力や魅力のほとんどを削ぎ落としてしまうのである。フリードマンは、このような単純な原理が解決できないものとして、次のような例を挙げる。

人ごみで、ある男が銃を乱射しようとしているとする。もし、乱射が実行されれば、多くの死者が出るだろう。これを阻止するためには、近くにあるライフルを使って、乱射男を狙撃するしかない。しかし、そのライフルの所有者は、乱射男を狙撃するつもりがない。

このような場合に、人ごみにいた人には、ライフルの所有者からライフルを奪って乱射男を狙撃する権利があるかと考えた場合、リバタリアン権利論者は、そのような権利はないと答えるだろう。多くの犠牲者が出ることと、ライフルに対する所有権が侵害され、乱射男が死ぬことの間では、明らかに前者の方が避けられるべき帰結であるにもかかわらず、このような事態を勘案することのできない単純な権利論には、大きな問題があると言わざるをえないとフリードマンは考えている。

一方で、権利論の擁護者は、所有権の絶対性を否定することによって、この問題を回避することができるかもしれない。フリードマンは、いくつかの回避方法を挙げるが、それらの見解はすべて、ある状況においては、権利侵害はア・プリオリに拒否されるのではなく、そのメリットに基づいて評価

（8）　以下のフリードマンの議論は、*Ibid.* sec.41–43 を参照。
（9）　*Ibid.* 邦訳 p.226.

されなければならない、ということに要約されると論じる。このことはつまり、権利侵害を禁じるという単純な原理から、権利侵害が最小になるよう行為せよという原理への移行を意味する。そう考えると、ライフルを奪って狙撃することはリバタリアンな原理と両立し、かつ、そうすることを要求されていると考えることになる。

しかし、この改定後の原理は、権利侵害にしか感応性がない。ゆえに、権利侵害による小さな犠牲と、権利侵害によらない多大な犠牲の間での選択において、反直観的な帰結をもたらすことになる。それは、以下のような場合においてである。

地球と他の惑星との衝突により、明日、世界中の人々が犠牲になってしまうことを、ある人が偶然知ったとしよう。そして、これを阻止する唯一の方法は、百ドルのある装置を、正当な所有者から奪うことによってのみ可能になるとしよう。

ここで起きていることはとても単純なことである。その装置を奪うことによって、権利侵害をしなければ、世界中の人が死んでしまうということである。ここで注目すべきことは、惑星との衝突によって世界中の人々が死ぬことには、何ら強制や権利侵害が関係していないことである。つまり、先ほどのライフルのケースのように、権利侵害を最小化する方法として、装置を奪うことを正当化することはできないのである。惑星の衝突後には、そもそも、人間は存在しなくなると思われるので、二度と強制が存在することはなくなるのである。

このように、すべてのことを権利に関係する形で論じることは、多くの問題を引き起こすため、個人の権利に優るものはないと主張することは誤りである、とフリードマンは論じる。このような主張を固持するには、個人の権利と他の価値との間での選択を、断固として拒否するしかない。しかし、それは不合理である。「我々は、個人の権利に対して何らかの価値を、おそらく非常に大きな価値を与えるかもしれないが、無限の価値を与えるわけではない[10]」のである。ここでのフリードマンの主張は、リバタリアニズムが「一連の異論のない主張を確実に導き出すような単刀直入で明白な議論の集まりではな[11]」く、複雑な世界に対応した複雑なものなのだ、ということである。

フリードマンの中核的な主張の二つ目は、「起こるべきこととそうでないことをめぐる究極的な基準としては、功利主義を拒否するが、功利主義的な議論は通常、リバタリアンな見解を擁護する最善の方法だ[12]」というものである。この主張は、リバタリアニズムの帰結主義的正当化を表現する文章としては、少し捻りが入っている。この「捻り」が何物であるかについて、以下で説明していくことにしたい。

上述の通りフリードマンは、リバタリアニズムは、単純な原理では適切に表現することができないと考えたが、それでは一体どのように表現されるべきであると考えているのか。フリードマンは次の

(10)　*Ibid.* 邦訳 p.225.
(11)　*Ibid.*
(12)　*Ibid.* 邦訳 p.231.

四つの可能性を示唆する。一つ目は、リバタリアニズムは、やはり絶対的な原理なのだが、フリードマンが取り上げたような「単純な」原理ではなく、より複雑なものであるという可能性。二つ目は、自由は幸福への手段としてのみならず、それ自体重要な価値であるが、個人の自由以外にも世界には多くの重要な価値があり、他の価値と比較して無限の価値を有するものではなく、それらの比較衡量によって評価されるという可能性。三つ目は、実はリバタリアンな価値と功利主義的な価値との対立は見せかけに過ぎず、それらは深遠な部分ではつながっており、適切に理解されたリバタリアンな倫理は人間の幸福の最大化を導くルールである、という可能性。四つ目は、リバタリアニズムは間違っており、代わりに功利主義を受容すべきだという可能性である。フリードマンは、三つ目の可能性にシンパシーを示している。彼は同書において、リバタリアンな結論を正当化するために功利主義的な議論を用いてきたし、それによって、リバタリアニズムと功利主義とは原則として全く異なるにもかかわらず、しばしば同じ結論に至ると示してきた。フリードマンは、効用の厳密な測定や比較の可能性について消極的な評価を与えるが、しかし、現実に我々は「このような比較を上手に行ったり、比較方法を明確に叙述することはできないかもしれないが、我々はやはり比較を行っているのである」[13]。たとえば、大富豪に十ドルの小切手を送ることと、家を消失してしまった人に十ドル相当の食糧や衣料を送る場合に、おそらく後者にとっての十ドルの価値を重く見ることになるだろう、という比較や、Aがピンで刺されることから被る不幸は、Bが拷問死から被る不幸より小さいということに疑いを挟むことはほとんどないという比較を、我々は日常的に行っているのである。

このように、フリードマンは功利主義に強いシンパシーを持ちつつ、「起こるべきこととそうでないことをめぐる究極的な基準としては、功利主義を拒否する」という捻りが加えられる。つまり、フリードマンは、リバタリアニズムの帰結主義的正当化を行うが、その帰結主義とは功利主義に還元しつくされないものである、と考えているということである。なぜ功利主義だけではいけないのか。フリードマンはその理由を、功利主義が我々の受け容れられないような状況を正当化してしまう可能性を想定することができるという点に求めている。

たとえば、ある町で一連の殺人を行った者がいたが、その殺人犯は既にその町を去ってしまったとする。しかし、住民はそのことを信じようとはせず、町を去ったという情報はでっち上げであると考えている。このままでは、殺人犯を見つけ出すためと称して、三、四人の無実の人がリンチを受けることになり、死ぬことになるだろう。そのような結果を回避するために、証拠をでっち上げて、ある無実の人を一人、有罪として絞首刑にすれば問題は解決するとしよう。

この場合に、素朴に功利主義的な観点から検討するならば、無実の一人を絞首刑にすることによって、リンチによる複数人の死の危険を回避するということが、正しい選択となるだろう。しかし、フリードマンはこの結論を受け容れ難いとする。彼は一人か二人の分の純利益のために、無実の人を陥れるということは正しくないと考えている。一方で、百万人の命を救うためなら、陥れると論じてい

(13) *Ibid.* 邦訳 p.230.

る。これは、先述の惑星と地球が衝突するケースにおいては、フリードマンは阻止する装置を盗むべきだと考えたことと同様の影響がある。ここに「究極的な基準としては、功利主義を拒否する」という面が現れていると考えることができるだろう。この捻りは、功利主義も権利論と同じく「単純な原理」であるということによって要求されているのである。

このような理由から、フリードマンは自身を功利主義者ではないと言うことになるが、しかし、帰結主義者であることには変わりがない。フリードマンによれば、大抵の人間が、幸福の最大化が唯一の重要事項であるとは考えていないが、人間の幸福が重要であるとは考えており、幸福について魅力的な結果をもたらす（リバタリアンな）提言は、それを支持するよう説得する際に力を持つ。そうであれば、人々を幸福にして繁栄させることは良いことだ、という一般的な同意に訴えてリバタリアニズムを正当化するという方法を採用することには意味がある。

ここまで、フリードマンの議論を見てきた。フリードマンは自身の議論を功利主義でないと強調していたが、それでも、純粋に帰結主義的であると評価するべきだろう。なぜならば、フリードマンは功利主義の修正についても、功利主義がもたらす受け容れ難い帰結を理由にしていたからである。これは権利論と帰結主義を上手く組み合わせようという態度とは明確に区別されるべきである。その意味で、フリードマンの議論は功利主義的な傾向を持つ、帰結について独自の判断基準を持つ帰結主義なのだと考えるべきである。しかし、筆者には、ここまでに検討した内容からでは、そのような独自の立場をそのまま受け止めて検討することができないように思われる。なぜなら、フリードマンはその帰結の判断基準について、事例を示してはいるが、その基準自体には言及していないからである。ゆえに、ここではまず、第二の主張の後段部分、「功利主義的な議論は通常、リバタリアンな見解を擁護する最善の方法だ」という議論を検討することによって、フリードマンの議論にアプローチしていくことにする。

第二の主張の特徴は、功利主義的な議論がリバタリアンな見解を擁護する最善の方法だ、という主張と、通常はそうなるのである、という主張が結合されているということにある。ここまでに見てきた「捻り」は「通常」という限定で表現されていると言ってよいだろう。それゆえ、後者についてはある程度検討したと言えるだろうから、以下では前者の主張を検討していきたい。果たして、功利主義的な議論はリバタリアンな見解を擁護する最善の方法なのだろうか。

フリードマンはこの点について、第四部の冒頭で十分に注意を払って、次のように論じている。

> 望ましい帰結をもたらすという理由からリバタリアンな提案を擁護するのは、時間の浪費であるばかりか、危険な浪費だと主張する人さえいるだろう。というのも、それは、もし強制的な内容を持つ代替案の方がうまく機能することが明らかになれば、リバタリアンな立場を放棄せねばならないと示唆しているからである[14]。

フリードマンの議論では、このような可能性を認めつつ、フリードマンが知る限りでは、このようなことは起こらないということが、経済学的・帰結主義的に論じられているのである。もしそのような可能性を勘案しても、第一の主張である、リバタリアンの単純な言明が受け容れられない帰結をもたらすことを考えれば、やはり帰結主義的な正当化こそが採用されるべき途だ、とフリードマンは考えているのである。

しかし、筆者の考えでは、この可能性についてのフリードマンの想定は、やや楽観的に過ぎる。もちろん、単純な言明が、それだけで複雑な世界のものごとについて我々の直観に適合するような結論を導き出せない、という点については究極的には首肯せざるをえないが、果たして、功利主義的正当化論の直観に適合しないような帰結は、例外的であると言えるほどに少ないのだろうか。本当に「通常」と言えるほどに、功利主義的議論とリバタリアンな見解の帰結は一致するのだろうか。

功利主義の議論それ自体は、自由や自由を尊重するような原理を、必然的には要求しない。古典的な功利主義の議論に見られるような、ある範囲全体の効用の総和を最大化する、という集計主義的・最大化主義的な態度は、個人の自由を尊重しようというリバタリアンな原理と親和的であるという議論は、その可能性が完全に断たれているとまでは言えないが、少なくとも一見して明白に擁護できる議論だとは言えないだろう。なぜなら、そもそも、関心を持っている単位（unit）が違うからである。歴史的な展開において、自由主義者であるとも考えられた功利主義者が、自由を重要な価値だと考えたのは、自由それ自体に価値を見出していたというよりも、福利や効用を増大させるものとして、手段的・道具的に価値があると、自由の道具的価値の側面を重要視したものであると考えられる。つまり、功利主義者による自由の尊重は、決して必然なのではなく、偶発的（contingent）な事情によるものだったと考えられる。

たとえば、十九世紀の代表的な功利主義者であり、自由主義者であるともされるジョン・スチュアート・ミル（John Stuart Mill）は、その主著の一つ『自由論』において、自由と幸福の関係について、以下のように論じている。

自由の名に値する唯一の自由は、われわれが他人の幸福を奪い取ろうとせず、また幸福を得ようとする他人の努力を阻害しようとしないかぎり、われわれは自分自身の幸福を自分自身の方法において追求する自由である。各人は、肉体の健康であると、精神や霊魂の健康であるとを問わず、各人自身の健康の正統な守護者である。人類は、自分にとって幸福に思われるような生活をたがいに許す方が、他の人々が幸福と感ずるような生活を各人に強いるときよりも、得るところが一層多いのである。[15]

（14）*Ibid.* 邦訳 p.213.
（15）Mill（1859）邦訳 p.30.

ここから読み取れるのは、各人の幸福を増大させるには、何らかの他人が思う生き方を強制するよりも、各人の望むような生き方をさせる方がよい、という考え方である。この議論は一見したところ、当たり前のことを述べているようにも思える。自由に生き方を選ぶことができることが、各人の幸福を増大させるのである。しかし問題は、本当に各人が自らの生き方を選ぶことができることが、幸福を増大させるのか、という点である。各人が各々の生き方を選ぶことができること自体は、幸福の量と関係あるのであろうか。たとえば、私が野球選手になりたいと思ったとして、しかし、私は野球選手になるほど体格的に恵まれているわけではなかったから、野球選手になって活躍するという夢は叶わない。それにもかかわらず、私は自分の生き方を選ぶことができている。もし、自分で選んだ生き方や目標を達成することによって我々が幸福を得ると考えるならば、野球選手を目指した私は、自分の生き方を選ぶことができているにもかかわらず、幸福ではない。自分の生き方を選ぶことが幸福につながるためには、各人の幸福については各人が最もよく知っており、それを実現できるという前提が織り込まれている必要がある。これによってはじめて、最も幸福を増大させるような生き方を選択し、それを実現することで、幸福を増大させることができるのである。すなわち、各人について の最善の判断者は各人である、という前提を受け容れることによってはじめて、個人の自由と幸福の増大は強い結びつきを確保できるのである。そして、これはフリードマンも明らかに受け容れている前提である。

我々が信じていること、もしくは少なくとも我々の多くが信じていることは、我々は皆自らの価値について他人よりもよく知っており、それゆえ人々は通常、欲しいものを自ら決定する方が暮らし向きがよいということである[16]。

では、このような前提は、未だに当然のものとして受け容れられるべきものなのであろうか。たしかに、私のことは私が最もよく知っていて、それを最もよく実現することができるのは私であるはずだという議論は、我々の耳に大変心地よいものであり、魅力的なものであることは否定し難い。しかし、このロマンチックな主張には数多くの疑義が呈されている。制度に関する最も端的な例は、消費者法と呼ばれるような法領域の存在である。消費者法制は、様々な契約のあり方を規制することよって消費者を保護しており、我々の多くは現実にこれを歓迎もしている。このことは、自らの幸福について最もよく知っているのは自分であり、それを最もよく実現することができるのも自分であるというような前提が、必ずしも成り立たなくなっていることを示している[17]。ミルに言わせれば、このような保護されるべき対象とは、未だ十分な判断能力を備えていない者であり、それは私の幸福については私が一番知っていて、それを実現できる、という前提とは対照的である。

（16） Friedman（1989）邦訳 p.229.
（17） Mill（1859）邦訳 p.25.

このように考えてくると、自由と幸福との間には、完全な断絶とまでは言わずとも、注意するに値するような大きな溝が横たわっていると考えることができる。それは我々の判断の合理性や、目標を達成するような物理的・精神的能力についての特定の見解を媒介してはじめて埋めることができるものであり、そして、必ずしも、通常我々はそれを埋められるような状況にはいないということである。むしろ、消費者法制のように、我々は良い帰結のためには、自由のかなりの部分を制限される用意があるのではないだろうか。もし、このような議論に一定の理があれば、フリードマンの言う「通常」は大きく後退せざるをえなくなるだろう。

そして、フリードマンがあらかじめ注意を払っていた点についても、その想定よりもなお自由にとって難しい状況にあるのではないか。すなわち、原理的に考えれば、自由が幸福を得るための手段や道具としてのみ捉えられるならば、よりよく幸福を増大させる手段が自由のほかに存在するということになれば、自由を尊重する必然性など存在しないことになるはずである。[18] そのような立場を明確に打ち出して、功利主義を擁護している論者に、統治功利主義を唱える安藤馨がいる。[19] 安藤は、自由になんらの内在的価値があることも認めず、自由は福利以外の諸観念と同様に、時として福利の増大に資することがあり、その場合に限って、かつ、それが福利の増大に資する程度に価値があるのであって、その価値はもっぱら、その自由が達成する福利の価値に依存していると論じている。つまり、自由の価値として語られうるものは、自由それ自体の価値ではなく、福利に寄与する限りの価値であるということになる。そこで重要であるとされるものは、福利であって、自由ではない。

ここまでの議論は、フリードマンの「幸福」の語と安藤の「福利」の語の関係が不明確であるという、用語上の問題はあるが、議論の筋道自体はフリードマンが受け容れられないものではない。フリードマンは、通常、功利主義的に帰結の良い状態は、リバタリアニズムと一致するのだ、と述べているに過ぎないのだから、あくまで評価は幸福の量によってなされることになるからだ。フリードマンは、自由自体に価値があることを要求していないし、少なくとも、リバタリアニズムに対する肯定的な評価は、幸福の量によるものである。

つまり、フリードマンの議論に現れる功利主義にとっても、自由自体には何ら内在的な価値が存在しないことは変わりないのであり、功利主義には非自由主義的に幸福を増大させることを食い止める歯止めは、どこにもない。自分の生き方を自由に決めることが、最も幸福の量を増大させるという、ミルの論じた前提が崩れたことを考えれば、そのような選択をさせる代わりに、政府が介入して人々の選好を功利主義的に望ましい形に形成する、適応的選好形成（adaptive preference）を意図的に起こすことに、そのプロセスの福利的な影響以外には、何の問題も付きまとわない。また、アーキテクチュアなどによる、行為の物理的な可能性自体を操作するような統治も、それが福利の増進に資するのであれば、行われるべきことなのである。

（18）大屋（2010）pp.195–197.
（19）安藤（2007）pp.280–282.（2009）.（2010a）pp.75–79.

フリードマンが注意を払いつつも擁護した功利主義は、ここまで非リバタリアニズム的な可能性を秘めている。選好形成の問題やアーキテクチュアの統治の効率性や成功如何は、知識問題にかかっているし、そもそも、功利主義が全体の福利の総和を最大化するために、各人の福利を最大化する必要がないことを考えれば、思いのほかフリードマンにとって分の悪い状況にあるのではないだろうか。そして、安藤が論じる通り、科学技術や社会工学の発達により、知識問題は徐々に「解消」の方向に向かっていると考えられる[20]ことは、帰結による自由の擁護には致命的な影響があると思われる。

さて、このように考えてくると、フリードマンの「功利主義的な議論は通常、リバタリアンな見解を擁護する最善の方法」であるという議論は、いくつもの制約を受けることになるように思われる。つまり、現在の我々を見つめ直すなら、自由と幸福という帰結の間には大きな溝があり、統治技術の発達によって、我々以上に政府が幸福をうまく増大させることができるようになってきている。もちろん、これらの事情によって、個人的自由の尊重と功利主義的な帰結の良さが重なる可能性が、完全になくなるわけではない。しかし、このような状況では、フリードマンの言う「通常」は、現在では「偶然」になりつつあり、帰結においてリバタリアニズムと、あるタイプの功利主義が重なり合うことも、もはやリバタリアンな見解の十分な擁護にはなっていないのではないだろうか。ここに至って、あるケースにおいて両者が一致するケースが存在することは、両者が一致する一般的な傾向を示すものではなく、偶さかに一致したに過ぎないと考えるべきなのではないか。

しかし、フリードマンは功利主義を一貫して擁護したわけではないことを思い出すべきだろう。彼は通常は功利主義によって正当化されるような、帰結主義的に正当化されるリバタリアニズムを擁護したのである。筆者の見るところ、通常はもはや偶然へと変わったと思われるが、それでも功利主義でない帰結主義について考えを巡らせることは無意味ではあるまい。では、リバタリアンの単純な原理でも功利主義でもない帰結主義とは、一体どのように記述することができるのだろうか。大きく分けて二つのアプローチが可能であるように思われる。

まず一つ目は、フリードマンの立場を、功利主義の帰結との類似性を基準とした経験則を用いない、純粋な意味でのリバタリアンな帰結主義として記述することを目指すもの、と理解するものである。言い換えれば、フリードマンが幸福の面で支持することのできる帰結であり、かつ、リバタリアンが支持することのできるものだけを与えるような、リバタリアニズムの帰結主義的正当化原理を記述することを目指すのである。しかし、残念ながら、このようなフリードマン帰結主義とでも呼ぶべき原理は至難の業であると言ってよいだろう。この原理の条件はただ一つ、フリードマンが望むような帰結がもたらされることだけだが、フリードマンはそれが何であるかについて、明確に述べていないのである。フリードマンは、道徳哲学よりも経済学の方が一層よく発展した科学であるから、正義が何であるかよりも、制度の帰結について多くのことが知られていると述べているが[21]、彼は功利主義

(20) 安藤（2007）pp.283-285.
(21) Friedman（1989）邦訳 p.232.

（と経済的効率性）以外の基準を示しておらず、それがどのようなときに通常に対する「例外」となるのか、そして、その「例外」についてどのように扱うべきであるかを判断する基準を与えていない。フリードマンの「通常」は、いまや信頼に足るものではなくなったのだから、「例外」について真剣に受け止めなければならない。しかし、フリードマンが挙げたリンチの事例において、リンチによる三、四人の犠牲と無実の人一人を絞首刑にすることとの間での、功利主義的な帰結（無実の人一人を絞首刑にすること）を拒否する理由を述べていないし、その上でリンチの犠牲者が百万人であれば、功利主義的な帰結を受け容れるとする理由についても、なぜ結論が変わることになるのか述べていない。フリードマン帰結主義が、単なるフリードマンの道徳的直観のみを基準とする恣意的な直観主義にならないためには、例外状況についての何らかの言及が必要なのだが、そのようなものは見当たらないように思われる。フリードマン帰結主義の評価基準として、幸福という観念を使うにせよ、全く別の観念を使うにせよ、これらをどのように扱うかについての説明が必要になるが、筆者の手には負えそうにない。複雑な世界に適合するような帰結主義の原理は、フリードマンが論じる通り、功利主義のような単純な原理ではありえないのかもしれないが、これを超えた複雑な原理は、フリードマン自身がそうなってしまったように、適切に説明しつくせないほど複雑なものになってしまうのではないだろうか。

もう一つの可能性は、より消極的で具体的なものである。それは、フリードマンの議論は政府の肥大化や非効率性のような、いわゆる「政府の失敗」と呼ばれるような事態に対する批判なのであり、個人的自由やリバタリアニズムを正面から擁護しようとするものではない、と考えるものである。フリードマンの関心事は、リバタリアニズムの制度的な帰結の良さにあるのだから、そのような帰結のために、政府を可能な限り小さくしていくべきだという主張は、必ずしも自由の価値を称揚して行わなければならないものではない。経験的に、政府が行う施策がいかに非効率的であり、市場がその役割をどれほど効率的に代替することができるのかを示すことができれば、ここでのフリードマンの目的からは、それで十分なのだと考えることもできるだろう。従来、政府の役割だと考えて来られた分野について、実はその役割が政府にしか果たすことのできない固有の役割ではなく、市場でもその役割を果たすことができるどころか、市場の方が効率的にその役割を果たすことができると示すことができるなら、フリードマンが大きな紙幅を割いて論じた、本書の第二部・第三部には、この点で大きな意義がある。もし、リバタリアニズムを小さな政府を擁護するものとして捉えるならば、このようなアプローチにも、リバタリアニズムの原理的な正当化と同じだけのウェイトが置かれてしかるべきだろう。

このようなアプローチは、主に「法と経済学」の分野で用いられるものである。簡潔に表現すれば、この分野において法は、与える影響（帰結）の経済的な効率性の面から評価される。もちろん、法やその周辺の問題に関して、重要なのは経済的な効率性だけではないという意味で、それだけでは固有の限界を持つものである。しかし、この手法は「法と社会規範（Law and Social Norm）」と呼ばれる発展分野にも引き継がれ、より一般的に秩序形成と人間行動の関係についての考察を行う、豊穣な内容を持つものであり、その意義は極めて大きい[22]。

フリードマンの帰結主義は、このアプローチの一つとして理解する方が、無理がないように思われる。というのも、彼の議論は、様々なリバタリアンが行ってきた提案の望ましさを、効率性という面から正当化していったものであるように思われるからである。フリードマンが「私は経済分析を用いることによって、リバタリアンな原理に基づいては答えることのできない——答えることはできないと私は思う——諸問題、すなわち法はどうあるべきかをめぐる諸問題に答えることができる、ということを示したのである[23]」と述べていることからも、そのことが伺える。一方で、「経済的な効率性は、総効用の近似的な測定基準にすぎない。そして総効用は、私や、私の思うにその他の人々も、価値を見出すものの非常に部分的な叙述にすぎない。たとえある法的ルールが経済的に効率的だと我々が証明できても、そこから必然的に、我々がそれらを支持すべきだということにはならない[24]」と、あくまで自らの議論の射程が効率性に限定されることを強調している。

このようにフリードマンが論じるとき、彼は既にリバタリアニズムを手放している。そして、彼は個人の自由の重要性についての論証も、もはや自らの議論の射程外に置いてしまっているようにも見える。さらには、認知科学などが示しているように、フリードマンが想定しているよりも、人間の合理性がはるかに限定されていることは、我々を自由で自律的な主体として扱うよりも、保護の対象として扱うことを要求することになるはずである[25]。現状において、フリードマンの議論は、リバタリアニズムの正当化論として、可能性を完全に断たれたわけではないが、批判理論としてのリバタリアニズムの意義も、大きく損なわれてしまっていると思われる。フリードマンには想像し難いかもしれないが、「効率的な非リバタリアン体制」は、原理的に不可能なものではないし、むしろ、趨勢はそちらの側にあると言ってもよい。この点、ノーマン・バリー（Norman Barry）がオーストリア学派であれ、新古典派であれ、経済学的な議論においては、「私的所有者は、経済プロセスにとって不可欠な存在ではあるが、それは彼自身が尊敬される実在であるからではない。つまり、彼は権利保持者としてよりもむしろ、危険負担者や効用の担い手として不可欠なのである[26]」と述べていることは興味深い。経済学的なアプローチによって擁護されるリバタリアニズムは、自由の重要性について正面きって擁護しようという態度をとることが意図されていないのかもしれない。

---

(22)　例えばPosner（2000）。
(23)　Friedman（1989）邦訳 p.254.
(24)　*Ibid*. 邦訳 p.255.
(25)　このような議論は、行動経済学（behavioral economics）と呼ばれる分野、および、その複合分野である「法と行動経済学」という分野において、幅広く行われている。これは、自由にとって大きな意味を持つものであるが、後ほど扱うことにする。
(26)　Barry（1986）邦訳 p.188.

三　小括

以上の議論からは、リバタリアニズムの契約論的正当化と帰結主義的正当化は、どちらもそれだけでは、リバタリアニズムの正当化論という観点からは、十分な議論であると考えることはできないと結論することになる。契約論については、その契約を有意味にするさらなる根拠が必要であり、帰結主義は、フリードマンが論じていた通り、リバタリアンな制度とその帰結の良さが重なり合うとき、リバタリアニズムは強い説得力を持って我々の前に現れてくるが、それを常態として受け容れることはできないからだ。リバタリアニズムにとって、帰結の良さや、リバタリアンな制度に合意する合理性は、その説得力を高めてくれるという意味を持つが、それだけでは擁護できていないと考えなければならない。

ここで注目すべきことは、各々の正当化論において、何らかの意味での「合理性」の観念に大きな負荷がかかっていることだろう。もし人間が合理的に行為するならば、リバタリアンな制度に合意するはずだ、あるいは、当人の幸福を最も良く達成するはずなので、リバタリアニズムが正当化されるという議論は、高い水準での合理的判断能力を人間に要求している。これらの想定は、ここで扱った論者の多くが経済学を議論のベースにしていることに由来するものと思われる。しかし、自由であるということは、合理的に行為すべきである、ということを含意しない。それどころか、合理的に行為しないことを許すからこそ、自由であると言えるようにも思える。顕示選好のような選好観を採るのでない限り、選好は基本的には主観的なものであり、実際に当人の選好と異なる行為をするのであれば、その行為は合理的ではないかもしれないが、そのような行為をなしうることは、自由であることを意味していると思われる。行動経済学の指摘を俟つまでもなく、このようなことが十分に合理的ではない我々には往々にして起きているし、自由はそのような事態を許容するのである。自由は、おそらく、帰結をより良くするため、選好の選択肢を増やすためだけに存在しているのではない。自由の意義を十全に受け止めようとするならば、そのように切り詰めて理解すべきではないし、そのように理解すべき理由もない。そう考えるのであれば、我々は負荷のかかった合理性の観念、また、人間についての理解を修正する必要に迫られているように思われる。この問題については、次の章で扱うことになる。

ここまで、アスキュー分類で示された正当化根拠のうち、契約論と帰結主義について検討し、これに疑問を呈した。未だ検討されていないのは、自然権論的正当化である。次章では、この自然権論＝自己所有権論的正当化について検討し、筆者自身の正当化論を展開していきたい。

第三章　自己所有権と「リバタリアニズムの人間観」

一　議論の方針——自己所有権とリバタリアニズム理解

本章では、リバタリアニズムの自己所有権による正当化を論じていくことにする。本書において、自己所有権をどのように理解するのかについて、まず一言しておかなければならないだろう。
リバタリアニズムの議論において、明確に、それが自己所有権を議論の基礎に置いていると評価されるのは、ノージックの『アナーキー・国家・ユートピア』であろう。本書は次のような宣言めいた言葉で始まっている。

諸個人は権利をもっており、個人に対してどのような人や集団も（個人の権利を侵害することなしには）行いえないことがある。この権利は強力かつ広範なものであって、それは、国家と官吏たちがなしうること――が仮にあるとすればそれ――は何かという問題を提起する。個人の権利は国家にどの程度の活動領域を残すものであるのか。[1]

このような「宣言」の下に、ノージックが展開するリバタリアニズムの議論の中心が「自己所有権」にあると指摘し、徹底的な批判を加えたのが、G・A・コーエン（Gerald Allan Cohen）である。コーエンは、ノージックが想定している自然権を自己所有権として、次のように描写した。

各人は自分の身体と能力の道徳的に正当な所有者であって、それがゆえに各人は他者に対してその能力を攻撃的に用いないならば、好きなように行使する自由を（道徳的に言えば）有するとされる。「リバタリアニズム」は自由そのものではなくて、自己所有権によって形態を規定された特定の自由を肯定しているのである。[2]

リバタリアンたちが頻繁に引用する、現在の代表的なリバタリアンであるナーヴェソン（Jan Narveson）の“Liberty is property”という、所有権と自由との強固な結びつきを表現した、象徴的な表現が示唆するところと、コーエンの自己所有権描写が極めて類似していることを考えれば、コーエンがいかにリバタリアニズムの核心を正確に理解していたのかが分かる。おそらく、コーエンのような自己所有権の理解が、現在においても、最も標準的な自己所有権の理解であると思われる。

このような自己所有権についての理解が、リバタリアンであるか否かを問わずに共有されている一方で、自己所有権の擁護とリバタリアニズムの擁護との間の関係については、よく考えなければならない。というのも、本書のここまでのリバタリアニズム理解の検討に反して、英米における現代政治哲学では、自己所有権を擁護するか否かを、リバタリアニズムとそれ以外の議論とを区別するメルクマールとすることが一般的になっているからである。(3) 筆者は、このメルクマールが哲学的に機能するものだろうと考えている。一方で、「政治」哲学におけるイデオロギー性が意味を持たないとも思わない。従来のリバタリアニズムが維持してきた、政府に対する見解それ自体も、かなり緩やかなものではあれ、メルクマールとしての意味を持ちうる。問題は、イデオロギー性と哲学としての一貫性との関係について、どのようなスタンスを採るのかということである。

本書の冒頭でも言及した通り、リバタリアニズムのアイデンティティ・クライシスはこの点において存在している。つまり、自己所有権論としての左派リバタリアニズムの哲学的態度は一貫したもの

(1) Nozick (1974) 邦訳 p.i.
(2) Cohen (1995) 邦訳 p.95.
(3) たとえば、Stanford Encyclopedia of Philosophy の Libertarianism の項 (Vallentyne and Vossen (2014)) では、狭義のリバタリアニズムはそうであるとされている (http://plato.stanford.edu/entries/libertarianism/) (最終閲覧：2016/11/24)。

であり、その帰結のイデオロギー性自体は、「リバタリアニズム」の評価対象外に存在していると考えられている。このことは、左派リバタリアニズムが（自己所有権論の）右派リバタリアニズムの存在をリバタリアニズムとして受け容れていることからも明らかである。左派リバタリアニズムは、右派リバタリアニズムに対して、自らの議論の方が、リバタリアニズムのより良い議論であることを主張している（に過ぎない）[4]。

一方で、一般的に、右派リバタリアニズムは、左派リバタリアニズムをリバタリアニズムであると認識していない。たとえば、日本の代表的なリバタリアンである森村進は左派リバタリアニズム（森村の表現では左翼リバタリアニズム）について、次のように述べている。

最近「左翼リバタリアニズム」という言葉がよく使われる。この言葉はリバタリアニズム陣営の内部で、不徹底なリバタリアニズムを非難する言葉として用いられることもあるが、『権利論』のスタイナーや『不平等なしのリバタリアニズム』のオーツカなど一部の再分配主義者は「左翼リバタリアン」を自称している彼らの意味では、それは身体への支配権は完全であるべきだが、外界の資源への私的所有権は分配の対象となる、という立場である。しかしこの立場は、個人差はあるが、自己所有権の実を捨てて名だけをとろうとする平等主義といえよう[5]。

ここに見られるのは、単なるイデオロギー性の哲学的基礎に対する優位であるようにも思われるが、少しだけ検討の余地があるように思われる。もし、森村の議論が正しければ、右派リバタリアニズムの考える自己所有権の「実」とは、外界の資源への私的所有権を再分配の対象としないこと、もしくは、身体所有権と私的所有権がともに存在することによって得られるもののいずれかである。しかし、前者のみによって、右派のリバタリアンたちが、左派は自己所有権の実を置き去りに名だけを取った、と批判するならば、その議論は自己所有権の本質は私的所有権の方であって、身体所有権の方にはない、と論じていることになる。これは、自己所有権を前提にリバタリアニズムを考えるのであれば、本末転倒した理解であると言わなければならない。そうであれば、右派リバタリアンたちは、私的所有権が身体所有権のコロラリーであるとまでは言えなくとも、身体所有権と私的所有権が不可分で同等に重要なものだと考えるべきだ、と主張していることになる。

このとき、右派は、身体所有権と同様に私的所有権を擁護していることは明らかである。一方で、左派リバタリアニズムは身体所有権を自己所有権として擁護するが、私的所有権は不可分なコロラリーなどではなく、厳格な正義の条件に服すると考えている。この場合、もし哲学的基礎として自己所有権を採用するという方法を採るとすれば、身体所有権が私的所有権とどのような関係にあり、どのようにそれを導くのかという点については、未解決の問題としておくことには一定の理由があるよ

（4）たとえば、Vallentyne（2009）。
（5）森村（2005）p.3.

うに思われる。右派リバタリアニズムのように考える必然性があるのだとすれば、それはこの点について検討する際に明らかになることだろう。もし、それが真であれば、二度手間であるということになるが、左派の議論がこれだけの存在感を示している現在において、この手間を惜しんでよい・惜しむべき理由はないように思われる。それがどのようなイデオロギーの名で呼ばれるべきかについては、この哲学的な問題を論じることによってしか明らかにならない。イデオロギーによって哲学的一貫性は曲げられるべきではないし、哲学的な議論の帰結が思うような名で呼ばれなかったとしても、それは哲学の問題ではない。そして何より注意すべきことは、森村が「左翼リバタリアニズム」に付した平等主義（egalitarianism）というレッテルは、本書のリバタリアニズムに対する態度からすれば、何の問題も引き起こさないということである。平等主義（平等論）は分配原理論のカテゴリーの名前だが、リバタリアニズムはある幅の中の国家論の総称だからである。（抑制的な傾向を持つ）平等主義的リバタリアニズムというラベリングは、本書のリバタリアニズム理解からすれば、成立する余地がある。

よって、本書が目指すべきものは、身体所有権として理解された自己所有権を哲学的な根拠として、個人的自由を尊重するような、分配原理論の導出である。次節では、これまで様々なリバタリアンたちが提出した自己所有権の基礎についての議論を検討する。権利論の基礎付けの困難さは様々に論じられてきている(6)。そして、次節以下で展開される議論は、そのような疑問に十全に回答しているものではないかもしれない。それでも、単に、我々に自己所有権があると想定するのではなく、このような作業によって、少しでも自己所有権の理解に資することがあるならば、これを省略すべきではないだろう。以下、順を追って見ていくことにしたい。

二　自己所有権の正当化——本性・直観・人格

個別の議論を検討する前に、確認しておくべき事柄は、「リバタリアンたちが、なぜ自己所有権のような権利が個々人にあると考えているのか、そう考えてよいのか」という問い自体が正当に問うことができるものであるかについてである。

というのも、このような問いの立て方に対して、そのような問いは無意味だ、という反論を受けるかもしれないからである。たとえば、橋本祐子は、自己所有権を自然権として考えることについて、「ある権利を自然権として位置づけることのメリットのひとつは、それ以上の基礎付けを要請されないという点にあるのではないかと思われる[7]」と論じている。そうなのだろうか。もしそうであるならば、本章で扱っているような問いは、無意味であるどころか、不必要に議論を複雑化させるだけの、有害な蛇足なのかもしれない。ここでは、自己所有権を少しだけ離れて、これを包含する個人の権利

（6）Sumner（1987）。また、自然権に特化したものとして、米村（2010）。
（7）橋本祐子（2010）p.148.

一般について、そのような議論状況を、大変雑駁にではあるが、確認しておきたい。これによって、自己所有権の基礎付けの必要性について考えて行くことにしたい。

現代を生きる我々にとって、個人の権利という考え方は、親しみあるものだが、それは決して当然のものではない。たとえば、厚生（welfare）の集計最大化を旨とする古典的な功利主義に対して、「リベラル」な論者は、その人格の別個性を重視しない姿勢に冷ややかな視線を送るだろう。しかし、なぜ人格の別個性が道徳的に重要なことであるのかについては、少なくとも功利主義者には自明なことではない。功利主義者であれば、人は単に厚生を生む単位として存在する「点」としてのみ重要であるに過ぎない、と考えれば十分であるのかもしれない。もちろん、ある社会の利益をよりよく促進できるのは、義務論的な権利論の立場の方である、という帰結主義的な有用性を主張することは可能であろう。もっとも、このような主張は功利主義への根本的な反論にはなっていないし、何より功利主義に分がありそうである。

しかし、おそらく、権利論が功利主義に対して抱いている最大の懐疑は、社会全体の利益の促進を競うような場面ではない。それは、たとえば、各人には必ず保障されなければならない、集計最大化原理には譲ることのできない利益が存在するのだ、というような主張であろう。しかし、この主張には既に、その権利の内容に一定の分配的正義の主張を包含させている可能性がある。少なくとも、ハードな自己所有権リバタリアンたちは、人格の別個性を尊重するのであれば、みだりに危害を加えられないというような利益のための消極的（negative）な権利を超えて、他者に何かを要求する積極的（positive）な権利による利益の保障など存在しない、と反論するだろう。

このように、帰結主義的な議論に対する、「人格の別個性」を尊重していないという批判を足がかりに、何らかの権利論を展開しようとしても、なぜそのような権利が存在すると考えるべきなのかを明らかにしなければ、権利の内容は食い違ってしまう。それゆえ、正当化の議論、あるいは、少なくとも理由を述べることは、独断的であるとの批判を避け、説得力を増すために有益であるのみならず、その内容を確定する上で欠かせないことなのである。

以下では、順に代表的な自己所有権の正当化論を見ていくことにしたい。

（1）マリー・ロスバードの場合——人間本性

ロスバード（Murray Newton Rothbard）は、オーストリア学派の経済学者でありながら、強固に自然権として自己所有権を擁護した、現在の右派リバタリアニズムの哲学的な基礎を形づくった論者の一人と言ってよいだろう。以下では、主に彼の主著の一つである『自由の倫理学』の中での自己所有権の正当化論を見ていくことにする[8]。

ロスバードの理論上の特徴は、彼自身の理解による自然法の存在を強調する点にある。彼は、著書の冒頭において、自然法は、自然法則と同様に、特定の宗教や信仰によらずとも、人間の本性である

（8）本節の議論は主に、Rothbard（1998）邦訳第一部をもとにしている。

理性の存在によって、倫理的な自然法は存在すると述べている。つまり、あらゆるものがその本性を持つように、人間にも他のものと異ならしめる本性があり、それが理性である。その本性が持つ法則が自然法則であり、殊、人間の備える本性である理性については、それが自然法と呼ばれることになるのである。

しかしロスバードは、このような自然法理論が、古典古代以来、歴史的に国家主義的な政治の現状を肯定するために誤って用いられていたと論じている。ロスバードによれば、これに対して、自然法を方法論的個人主義に基礎を置く形で変形させたのがロックであった。ロックは、自然法を個人主義的に読み替えることによって、各個人の自然権を確立した。同書においてロスバードは、このロック的個人主義を基にした、自然権論的なリバタリアニズムを試みている。ここまで論じてきたことから示唆されるように、その自然権である自己所有権は、自然的事実として存在するのである。ロスバードは、人間は自然的事実として理性を保持し、その使用のために自由意志と自らの身体を所有していると考えている。このように、自然的事実が自らの身体に対する権利を導くという、事実と価値の一元論を採っているのである。

ここで、事実と価値の一元論と二元論の優劣につき、正面から議論することは、本書の手に負えるものではないと同時に目的でもない。本書では、殊、ロスバードの自然法と自然権についての議論だけを検討の対象としたい。ロスバードの議論は自然主義的な立場から、自然権を導出する手法として、オーソドックスな論理構造を持つものであるように思われる。ゆえに、そのような立場に対する代表的な批判、事実命題のみから価値命題は導かれないという批判（ヒュームの法則違反）を受けることになるだろう。しかし、ロスバードはこのような批判に真っ向から応える。彼の議論は端的に、以下のワイルド（John Wild）の議論の引用によって代弁されるものとされている。

自然法の見解が価値と同一視するのは、存在ではなくて、むしろ存在する実態の構造によって決定された傾向性の実現である。それに加えて、それが悪と同一視するのは、不存在ではなくて、むしろ自然な傾向性が妨げられ現実化されないでいるような存在の様相である。光が足りないために葉が干からびている苗木は存在していないのではない。それは存在しているが不健康な、あるいは欠如的な様相において存在している。よきものとは、存在の実現なのである。[9]

ここで述べられている苗木と同様に、人間においては、自然な傾向性が実現された人間存在（「人間」）が、自然法が価値と同一視する存在であり、そのような傾向性が実現されていない存在は人間ではあるものの、その欠如的な様相で存在しているということになる。

この議論から類比的に思い起こされる議論は、マッキンタイア（Alasdair MacIntyre）の機能概念（functional concept）に関する議論であろう。マッキンタイアは、機能概念について、腕時計と農夫を

（9）Rothbard（1998）邦訳 p.19.

例に挙げて、説明を試みている。[10] たとえば、腕時計について考えた場合、身に着けていることが楽でないほど重い腕時計や、大幅に不正確な時間を指す腕時計は駄目であるという評価は妥当なものであるように思われる。一方、農夫について考えた場合、一エイカーあたりのある作物の収穫量が、この地域のどの農夫よりも多いという事実は、その農夫はよい農夫であると評価することも妥当であるように思われる。これらの事実と評価の関係は、腕時計と農夫という概念が各々に備えている特別な性質、果たすことを特徴的に期待されている目的あるいは機能のゆえに結び付けられるものなのである。つまり、腕時計という概念は、良い腕時計（正確な時間を指し、身に着けていて苦にならないような時計）という概念と独立には定義されえないものになっているのである。これらの事柄はすべて事実的な規準によって記述されるのでありながら、評価的な結論を導くものである。もし、一般に、事実命題だけから価値命題が導かれないとしても、このような機能概念については除外されていなければならない。そして、本質的なあり方（an essential nature）や本質的な目的（purpose）、機能を有するものとして、人間（man）も理解されなければならないのである。

このように人間を機能概念として理解するという方法は、人間の本来的な性質だと考えられているものを実現することに着目する点において、ロスバードの人間観に大変近しいように思われる。どちらも、人間が本来備えているはずの傾向や性質があり、それが実現されている存在こそ「人間」であって、それこそが価値あるあり方であるとみなしているのではないだろうか。

しかし、周知の通り、マッキンタイアが代表的なコミュニタリアンであるのに対して、ロスバードは代表的なリバタリアンである。人間をこのような機能概念であると見るとして、なぜ両者は全く異なる結論へと至ることになるのか。マッキンタイアは人間が機能概念であるのをやめてしまうのは、人間が負っている様々な一揃いの役割（家族の一員、市民、兵士等）に先立って、個人として人間が捉えられるようになってしまうときだけであると論じている。そして、そのようなときというのは、まさに近代のことである。一方、マッキンタイアとは対照的に、ロスバードは人間の本性である理性を、個人そのものに、機能概念的に読み込んでいる。これらの間の対照的な関係をどう考えるべきだろうか。

ロスバードの議論が個人としての人間存在そのものに付随する傾向性という形で、人間の本性を把握しているのに対して、マッキンタイアの議論は社会的な役割（機能）が付与されてこそ、人間は意味を持ちうるとするものである。マッキンタイアの議論は、どのような役割や機能が人間を機能的な概念たらしめるのかについて不明であるにしても、少なくとも、何らかの社会的な役割が付与されていることが、人間の本来的な性質の実現を測ることの一応のメルクマールとして機能する。一方で、ロスバードの場合、人間の傾向性の完全な実現を果たした「人間」というものが自明であるということになるが、役割などではなく、様々にあるように思われる人間の特性のうち、一体何が人間を「人間」たらしめる特性（傾向性）であるのかについて、いかにして判別可能であるのか。それを知るた

(10) MacIntyre (1981) 邦訳 p.71-74.

めの手がかりがあまりに少ない。そして、なぜそのような人間の特性が、自己所有権というものを導き出すのか、不明である。我々がそれを、人間の特性であるところの理性によって判別可能だとするのは、あまりに議論の基礎の大部分を理性に投げ込み過ぎている。もし、それでもやはり自然法はそのように存在しているということは変わらないということが主張されるならば、少なくとも筆者にとっては、その説得力について大いに疑問である。また、この議論によれば、自然法が価値あるものと認めるような「人間」でなければ個人への自己所有権の付与も正当でなくなることになり、傾向性を実現できない人間には、自己所有権が認められないということになる。このような事態は、自己所有権を基礎とするようなリバタリアニズムを論じるものにとっては、大変に問題である。コーエンが表現したように「各人は自分の身体と能力の道徳的に正当な所有者であ」るということを主張するはずのリバタリアニズムの「各人」が、「人間」という高度に卓越した選ばれし者に過ぎないとき、自己所有権の説得力は減じていると言わざるをえない。

先述の通り、マッキンタイアの議論が説得力を持つということではないし、ロスバードが引用してきたワイルドの議論でも、事実と価値の二元論が論駁されたとは思えない。そして、人間がその存在として持っている人間本性を捉えて、それを実現した「人間」には自己所有権があるという正当化の理路は、様々な問題を含んでおり、説得的なものであるとは言い難い。

（2）森村進の場合――多元的な道徳的直観

ロスバードの議論に見られたような、哲学的に難解な事実と規範の関係について、ある種の「跳躍」をもって応えようとするのが、森村進である。森村も自己所有権を主な哲学的基礎として議論を展開するが、彼は「各人は自分の身体と能力の道徳的に正当な所有者であ」ると表現される自己所有権を、我々の多くが自明の理として受け容れている、と考えている。このことを示すために、森村は「臓器移植くじ（サバイバル・ロッタリー）」の例を挙げる。そこでは、以下のような状況を考える。[11]

臓器移植の技術が大きく発展したとして、社会のメンバーのうち、すべての健康な人々はくじを引く。彼らの中から無作為に選ばれた当選者から、健康な臓器を病人に移植する。そうすれば、一人の健康な人の犠牲によって、二人以上の病人が助かることになるから、現在よりもはるかにたくさんの人々が長生きできるようになる。ただし、不養生で病気になった人は自業自得だから、臓器移植の受益者になれない。

この提案は、現在の我々にとって非常に反直観的であるが、このような提案に対する様々な可能的反論のうち、森村が最も素直な議論であると考えるのは、自己所有権テーゼによる反論である。というのも、多くの人がこのくじの制度を問題外であると感じるのは、「病人はたとえ臓器移植されなけ

（11）　森村（2001）pp.47–50.

れば死んでしまうとしても、他人に対して臓器の提供を要求する権利など持っていない。身体の支配権を持っているのはほかの誰でもない本人自身だ」と信じているからだ、と森村は考える。

しかし、このような自己所有権の擁護には、次のような批判が向けられるだろう。自分の身体や行為が「自分のもの」であるというだけでは、事実のレベルにおいて自己の身体や行為が、自己の意識と密接に結びついているという主張をしているに止まるから、なぜそうであるべきなのかについての規範的な主張は出てこない。つまり、自己所有権は、この場合にも、事実から価値を導き出そうとする誤謬を犯しているのではないか。

このような批判に対して、森村は次のように応答する。

> 私〔森村〕は自己所有権の弁護が必ずしも論理の飛躍をおかしているとは思わない。その弁護は規範的な主張のレベルだけで行うことができる。自己所有権テーゼは議論の相手が現に持っている信念に訴えかけることによって正当化できるからである。このテーゼは、私が前の節であげたような例〔サバイバル・ロッタリー〕を持ち出して「あなたもそれを信じているではないか」と気付かせることによって正当化されるのであって、さらに根本的な規範命題に訴えかけて正当化されるのではない[12]。

つまり、森村は身体を所有しているという事実と、そうであるべきだという規範を、「あなたもそれを信じている」という「道徳的直観（日常的に感じている道徳感覚）」によって接続することができるのだと考えている。森村によれば、この事実 - 規範の関係は論理的な理由の関係ではなく、我々が自己所有権を正当だと信じている心理的なレベルでの原因の関係である[13]。

このような議論をどのように捉えるべきだろうか。後で述べるが、我々が何らかの積極的な主張をする際には、何らかの道徳的直観を持って議論に臨んでいるはずだ、という森村の主張には一定の説得力があるように思われる。たしかに、我々の多くは自己の身体が自分のものであるべきだ、と考えているように思われるから、その規範的な合意のあるところから出発しても、行論上、問題ないとも考えられるかもしれない。しかし、これは自己所有権の導出、あるいは、正当化なのだろうか。我々が自己所有権に直観的な説得力を感じるということと、それが導出される・正当化されるということは、同じことについて語っていることになるのだろうか。つまり、言い換えれば、自分の身体や行為が自分のものであることについての事実と、そのように扱われるべきであるという規範との間の溝を、受け容れている道徳的な直観の説得力によって埋め合わせることができるのだろうか。

一義的には、埋め合わせることはできない、と言わなければならない。なぜならば、説得が道徳的な推論の真偽に影響を及ぼすことはないと思われるからである。道徳的な推論における真偽の判断

(12)　森村（1995）p.40.
(13)　同 p.41.

は、話者がどのような信念を抱いているかとは関係がない。つまり、説得する側とされる側の両者が、自己所有権を尊重すべきであると考えているからといって、自己所有権を尊重すべきであることが真であるとは限らない。

しかし、森村が論じている、自己所有権を尊重すべきだという道徳的直観は、このような橋渡しのために用いられているわけではないのかもしれない。道徳的直観はそれ自体で、自己所有権の基礎となるのかもしれない。森村は自らの直観主義について、次のようなものだと考えている。

〈規範道徳的判断については客観的な真偽を語れないが、それにもかかわらず合理的な議論は可能だ〉とするものである。そして、道徳的判断において道徳感覚あるいは直観が大きな役割を果たしていると考える点では直観主義的な面もあるが、直観自体も批判の対象たりうると考える点では直観主義ではない(14)。

この表現には、メタ倫理学上の直観主義（価値判断は真理値を持つが、価値判断についての合理的な論議は不可能である）と、ロールズが論じるような議論手法としての（功利主義と対抗するものとしての）直観主義が混じりあっているように思われるが、ここでは両者が混じりあっている、ということだけを確認したことにする。

森村は直観について、次のように扱うべきだと論じている。

直観の中には規範的議論において尊重に値しないものがある。〔中略〕また同一人物が持っている直観が矛盾する場合は、それらを整合的なものに改定すべきである。しかし、これらのテストを通り抜けてきた道徳的な直観は、ちょうど科学において反証の最善の試みを生き残ってきた仮説と同様、とりあえずそれを採用しても不合理ではない。(15)

そして、次のように結論付ける。

私〔森村〕は、身体所有権や労働所有権のテーゼはそのような〔採用しても不合理ではない〕直観だし、最低限の生存権という人道的配慮もそうだが、分配的正義における平等主義は合理的反省に耐えないと考えている。だから私がある道徳的直観を支持する一方で別の道徳的直観を斥けることに矛盾はない。(16)

このような議論には次のような批判がなされるかもしれない。たとえば、「自分の身体であっても

(14) 森村（2013）p.107.
(15) 同。
(16) 同。

任意には処分できない」という命題も、「自分の身体は自分のものだ」という命題と同様、強い道徳的直観を持っており、議論の出発点として、後者だけが尊重されることはおかしい、というような批判[17]である。これに対してどのように回答できるのだろうか。

これに対しては、端的に、そのような直観は合理的な反省に耐えない、尊重に値しない直観だ、と回答することになるだろう。さて、このときに、たしかに直観が批判の対象にされ、尊重に値する直観とそうでない直観の間に線が引かれたのであるが、森村は客観的な真偽は分からなくても、直観についての合理的な議論は可能なのだと考えたはずである。もし、そのような議論の余地を挟みうるとすれば、「合理的な反省」という部分だけであろう。これによってすべての直観が反証に耐えるか否かを判断されることになる。

これについて考えるために、たとえば、「私の身体は他の誰のものでもなく私のものだ」という直観があるとして、これが「反証される」というのはどのような事態なのかを想像してみたい。森村の言う道徳的直観が現れるのは、上述の通り、「あなたもそのように信じているではないか」という説得の場面であった。そうであれば、この道徳的直観は反証の試みに対して、「実はあなたも日常的な道徳感覚として身体所有権を受け容れている」と論じることで検証を受けることになる。この道徳的直観が反証されるのは、「本当に人がそのような道徳感覚を共有していない」という場合だろう。これは結局、その検証対象となった道徳的直観を受け容れているか否かだけが問題なのである。受け容れているのであれば、その直観は採用しても不合理ではないし、受け容れていなければ採用できない、ということになる。このようにして検証される直観には、受け容れるか否か以外の基準が存在しない。身体所有権の何らかの基準での望ましさや価値の存否は、この検証には何も影響しない。たとえば、家父長制が当然である社会の慣習の中で人々が受け容れるであろう直観（「女性は家に入るべきだ」）は、現在ではおそらく、ほとんど受け容れられないだろうが、それは謂れのない女性の差別的な取り扱いという不正のゆえにではなく、ただ、その直観が受け容れられないがために、直観として採用することができないのである。もちろん、「合理的な反省」の文言は、このようなものを排除することが意図されているに違いないが、森村はその文言が何を指すと考えるべきかについての説明を与えていない。現在では受け容れられないような、あからさまな差別的態度すら排除できない可能性のある合理的な反省の効力は、無に等しいと言わざるをえない。家父長制よりも身体所有の方がより根本的な直観であるのかもしれないが、それらを区別する基準も森村は提出していないし、それらをまとめて「採用できない直観である」と述べるのみである。

一方で、森村は「直観主義に反対する人々も、自分の直観を正直にその名で呼ぶ代わりに「我々の熟慮された判断」といったもっともらしい言葉で呼んだり、あるいは単に特定の帰結が「明らかに」「公平だ」とか「おぞましい」とかいった直観的判断を持ち出しているにすぎない。道徳的直観とは決して何か神秘的な真理を知る能力ではなくて、程度の差こそあれ、我々が日々の生活の中で意識し

(17)　高橋（2005）p.81.

ている感覚である」[18]と論じる。積極的な主張をする場合には、何を論じるにせよ、正当化の連鎖はどこかで止まり、直観やもっともらしい違う名前のついた何かによって基礎付けるしかないのだから、同じ穴の狢に過ぎないと考えることになるのかもしれない[19]。あるいは、そうなのかもしれない。しかし、直観の共有以外のはっきりとした検証の基準を持たないこのような議論には、様々な議論を無反省に通過させ、単に多数派の直観を追認するだけにならないのか、という恐れを抱かざるをえない。

さらに、ひとまずこれまで検証してきた森村の直観主義の論法が、仮に成功しているとしてみよう。先述の引用にある通り、森村は身体所有権（狭義の自己所有権）・労働所有権（広義の自己所有権）・最低限の生存権という人道的配慮の三つがいずれも採用できる直観だとしていた。しかし、おそらく、リバタリアンとその批判者たちの多くが、これら三つの直観すべてを受け容れることはできないのではないだろうか。ハード・リバタリアンたちは、最低限の生存権を認めないだろうし、批判者たちは全く自己所有権を認めない。左派リバタリアニズムは狭義の自己所有権だけを認めるだろう。論者ごとに様々な立場がありうるが、少なくとも、この三つのセットは、それほど受け容れられやすい組み合わせではない。筆者には、どうやら広義の自己所有権と最低限の生存権という人道的配慮は、そのままでは整合的に両立させることはできそうにないと思われるのだが、森村はこれらの関係をどのように理解しているのだろうか。森村は、広義の自己所有権よりも、人道主義的考慮による生存権が優先すると考えているが、直観の優先性を判断する基準とは何なのだろうか[20]。

森村は次のように、直観のような道徳感覚の性質について議論している。

相互に還元できない異なった原理や価値の間で優先順位をつけられないことがあるのは我々の道徳感覚の避けられない特色であって、そこに必ず順位をつけなければならないという要請をする方が強引である。(21)

これは、ロールズの論じる直観主義に対する批判としてなされている部分である。ロールズによれば、直観主義とは「これ以上還元することのできない複数の第一原理の一群が存在しており、そのため原理の比較考量を行わざるを得ないと説くものであって、第一原理群を互いにどのように釣り合わせれば（私たちの熟考された判断において）最も正義にかなうのかを自問する学説である」。(22) ロールズによれば、このような直観主義の特徴は、①第一原理の複数性であり、それらの第一原理は相互に対立し、特定の類型の事例に対して矛盾した指令を下しうる、②そのような原理を互いに比較考量す

（18）森村（2013）p.108.
（19）この点については、森村（2015a）p.312でも同様のことが強調されている。
（20）森村（1995）pp.91-92は、最低限の生存権が、労働所有権に優先する根拠を、ロックの「慈悲（charity）」の擁護や、ノージックが個人の権利は壊滅的な道徳上の惨事を避けるためには侵してもよい、と考えたことに求めているが、なぜ森村がこれに倣うべきであるのかについては示していない。
（21）森村（2013）p.109.
（22）Rawls（1999）邦訳 p.48.

るための明示的な方法も優先順序を定めるルールも直観主義には含まれておらず、そのような考慮もまた直観によってなされる、というものである[23]。

森村の論じる通り、このような直観主義の第一原理であるものの間では、相互に優先順位がつけられないことになるだろう。そうすると、アドホックに直観に訴えかけることに、原理上、歯止めがからないことになりそうである。しかし、森村は自らの議論は違うと言う。

私は自分の議論に例外を持ち込むために場当たり的に直観に訴えかけているのではなくて、自分が熟慮しても不合理とは思えない無視できない直観を道徳理論の中に体系的に取り入れようとしているのであって、これは初めから体系性を求めない、道徳哲学における反理論主義の傾向とは反対である[24]。

さて、森村は最低限の生存権を広義の自己所有権に優先させることができると考えたわけだが、確認すべきことは、おそらくこの両者はともに、これ以上還元できない第一原理であると想定されているだろうということである。直観主義においては、これらの順序付けは何らかのさらなるルールによってではなく、直観によってなされるのであるから、これは直観によってこのような順に並べられたのである。森村に従えば、そのような順序付けをなす直観は、真偽は語れないものの、合理的な議論が可能なはずである。このとき私が「広義の自己所有権は最低限の生存権よりも優先されるべきだ」という間逆の直観を持っていたとしたら（実際、この立場はリバタリアニズムにはありふれたものなのだが）、どのような議論がなされるのだろうか。その議論は合理的なものだろうか。

直観主義自体は、それが魅力的な立場であるかを措くとすれば、成立しうる立場であるように思われる。しかし、森村が主張する、直観についての合理的な議論は可能であり、尊重に値する直観とそうでない直観が明らかになるという（捻りの加わった）見解は、「よく考える」や、「合理的な反省」に負荷かがかかりすぎている上に、直観主義であるがゆえに、直観した命題にそれ以上の説明を加えることができないという点で、必ず舌足らずになり、説得力に欠ける。筆者には、道徳的直観について、合理的な議論が可能である、という捻りが問題を複雑にしているように思えるが、問題の核心がどこにあるのかは分からない。しかし、このままでは、森村が説得的な議論を展開することは難しいように思われる。

しかし、森村の議論の成否がどうあれ、おそらく「私の身体と能力は他の誰でもなく私のものである」という道徳的直観が我々にとって非常に強力なものであることは間違いない。直観を基礎とする議論のもう一つの問題は、その直観が何を意味するか、つまり、どのような権利を導くかについて、広い解釈の幅が出てしまうことにある。この道徳的直観から、広義の自己所有権まで導く論者もいれ

(23)　*Ibid.*
(24)　森村（2013）p.109.

ば、身体所有権しか導けないと考える論者もいるし、身体所有権は導けるが、身体を任意に処分できるわけではないと考える論者もいるだろう。本章の冒頭で述べた権利の内容の不確定性は、自己所有権においても現れてくるのである。

(3) ロバート・ノージックの場合――カント的原理へ

この項の内容に入る前に、なぜノージックがロスバードや森村よりも後に扱われるのかということについて、述べておく必要があるように思われる。というのも、出版の順からしても、その影響力からしても、リバタリアニズムの代表格として、最初に扱うべきはノージックだったのではないか、という考えにもっともな部分があるからだ。森村も「ノージックはその議論の前提に、諸個人が持つ自然権として強力な自己所有権を置いたが、その権利自体の正当化は試みなかった。そのため彼のリバタリアニズムが「基礎付けなきリバタリアニズム」として批判されるのはやむをえない面があった。自己所有権によるリバタリアニズムに理論的基礎を与えるという仕事は、その後のロスバードの『自由の倫理学』や森村進の『財産権の理論』によっておこなわれることになる[25]」としており、本章においてこれまでに扱った論者の議論は、ノージックの議論を乗り越えるための試みだという側面があると捉えることができる。しかし、これまでの議論から明らかである通り、筆者はそのような後進の試みを成功していないと考えたのであった。そこで、ノージックの議論をもう一度見直すことによって、自己所有権を正当化するための手がかりを探すことにしたい。

既に論じた通り、ノージックは『アナーキー・国家・ユートピア』を宣言めいた言葉で始めている。その内容は、諸個人には権利があるという、単純なものである。これに対しては、なぜ権利があると言えるのか、という疑問が当然に差し挟まれることになるだろう。このような問いに、ロスバードは事実と価値の一元論によって、森村は多元的な道徳的直観によって、回答しようとしてきた。しかし、これらは失敗に終わっていると筆者は判断した。では、ノージックはこの批判に対して、どのような方法をもって乗り越えるのか。

いきなり悲観的なことを述べることになるが、そのようなものを持ち合わせていなかったからこそ、ネーゲル（Thomas Nagel）は「基礎付けなきリバタリアニズム」と批判したのではなかったか[26]。ノージック自身、この点について、次のような懸念を率直に表明している。「前もって、一般的な理論上の悩みを少し述べておくことが可能である。本書〔『アナーキー・国家・ユートピア』〕は、個人の諸権利の道徳的基礎について厳密な理論を打ち出していない。〔中略〕私の述べていることの多くは、それらの理論が打ち立てられればそれらが有するであろうと考えられる一般的な特徴を土台とし、それらを利用している[27]」。本章の冒頭で引用した、ノージックの宣言めいた文言は、おそらく、彼自身

(25) 森村（2005）p.136.
(26) Nagel（1975).
(27) Nozick（1974）邦訳 p.ix.

にとって、文字通りの宣言だったのであり、議論の予防線であったに違いない。
しかし、ノージックが彼の宣言通りに、自己所有権の基礎について、何の手がかりも与えていないわけではない。たとえば、『アナーキー・国家・ユートピア』の第一部第三章で、自己所有権を特徴付ける付随制約（side-constraint）の性質について、次のように論じている。

付随制約の理論は、その基礎にある次のようなカント的原理を反映している。個々人は、目的なのであって、単なる手段ではない。それゆえ個人を、同意なく、他の目的達成のために犠牲にしたり利用したりすることは許されない。各々の個人は不可侵である。(28)

これは、「汝は汝の人格ならびにあらゆる他人の人格における人間性を常に同時に目的として使用し、決して単に手段としてのみ使用しないように行為せよ(29)」という、カントの定言命法の第二定式から導かれているように思われる。この議論には、強い人格の別個性が想定されている。ノージックは第三章において、表現を変えながら、幾度もこのことを強調する。たとえば、「一個人をこのように〔他人や社会全体のために〕使うことは、彼が別の人格であり、彼の命が彼の持っている唯一の命であるという事実を、十分に尊重し考慮に入れているとはいえない(30)」という記述は、その現れであろう。
ここまでのノージックの議論は、自己所有権の論証であるというにはあまりに曖昧なものにとどまっていることは確かである。しかし、この議論はこれまでの論証と「毛色」が違うことは見て取れるように思われる。それは、「私の体は私のものである」というような、主観的な身体感覚というよりも、明らかに、人格の尊重という面から自己所有権が導かれているということである。これは橋本努が、自己所有権とそこから導かれる自由の正当化は、生理的‐直感的な身体感覚を尊重する立場と、理性的‐自律的個人の人格を尊重する立場に分けられると論じたことに、ちょうど符合するように思われる[31]。このように考えるなら、人格を尊重するということが、どのようなことであるかを論じていくという方針を採る理由があるように思われる。

その際、重要になることは、自己所有権の正当化とカント的原理の関係であろう。後述するが、カントは、ここで問題にしているような自己所有権を受け容れていない、というのが通説的な理解であろう。したがって、そのようなカントの格率と自己所有権の折り合いをつけることができるのかを検討していく必要がある。以下では、自己所有権とカント的原理に明示的に言及しているが、異なる扱いをしている議論を紹介する。これらを検討することを通して、カント的原理と自己所有権との関係を考えていくことにする。

(28) *Ibid.* 邦訳 p.48.
(29) Kant（1785）邦訳 p.75.
(30) Nozick（1974）邦訳 p.52.
(31) 橋本努（2005）p.21.

自己所有権とカント的原理①――フィザー（Edward Feser）の場合

フィザーによれば[32]、ノージックの議論は、自然権への信念を守り、また、他の敵対する政治哲学を批判する際、「人格は目的それ自体だ」というカント的信念と、自己所有権の観念の両方に訴えかけている[33]。しかし、ノージックが擁護している個人の権利がそれらの観念からどのように導かれるのか、ノージックは明確な形で説明していない。ノージックは、それらを本質的に同じことを二つの言い方で表していると考えているのか、または、それらのうちの一つが、もう一つよりも基礎的で、その正当化を与えていると考えるのかを明らかにすべきであった。

結論から言えば、フィザーは自己所有権の方が基礎的な原理だと考える。カント的原理は、リバタリアンならば誰もが共感を覚えるものだが、この原理は既に自己所有権にコミットしている。あなたがあなた自身を所有しているから、あなたは手段として用いられないのであって、その逆ではない。あなたがあなたを手段として用いなくても、誰かはあなたの自己所有権を侵害することができる。たとえば、あなたの鼻を殴ることは、たしかにあなたの自己所有権を侵害しているだろうが、何らかの目的のために手段として用いたわけではない。

さらに、フィザーによれば、カント自身は自己所有権を拒否していた。というのも、カントの原理は人々を手段として用いないように要求するだけではなく、人々にある特定の尊重の態度を要求するからである。しかし、人々を目的として扱うために、我々は他人に対してどのような尊重の態度をとらねばならないのか、明らかでない[34]。

以上のことから、自己所有権とカント的原理との間の正確な関係を確定させることはおそらく無理な注文であり、ノージックにとってのリバタリアニズムの基礎付けには自己所有権だけで十分である。カントの原理は、レトリカルにはノージックの立場の中心をなすが、哲学的には本質的ではない。さらに、フィザーによれば、自己所有権は正当化されるべきものではなく、その存在を前提に、批判者が反証すべきものである。つまり、自己所有権は「有罪が証明されるまでは無罪」なのである。

フィザーは、カント的原理はリバタリアンにとって魅力的なものだが、自己所有権の方がいくつかの面で優れており、不要であるとした。しかし、我々が関心を持っているカントの取り扱いは、このようなものではない。フィザーの議論では、自己所有権は生理的‐直感的な身体感覚から、既に論証されたものとして立ち現れているが、我々はそのような論証は有望でないと考えたのであった。フィザーは明らかに、ノージックの議論を誤解している。ノージックは自らが擁護した権利の性質が、カント的な原理を反映したものであると論じており、そのような性質を持った権利を、我々は「自己所

(32)　Feser (2004) pp.29-54.
(33)　*Ibid.* pp.32-36. において、フィザーは自己所有権を、強い直観適合性と、奴隷（我々が、幸福な奴隷ですら許されないと感じるのは、その人自身以外の人が、その人を所有することは許されないと考えているからだ）や眼球くじの反直観性、また、人格の別個性に訴えて正当化している。
(34)　*Ibid.* p.44.

有権」という名前と形で呼び出そうとしているのである。この場合、明らかにカント的原理は、自己所有権に包含されていなければならない。言い換えれば、自己所有権の説明をするのに、（少なくとも、現在の問題関心からは）カント的な原理に言及せずにすませることはできない、と考えなければならないのである。[35]

自己所有権とカント的原理②――テイラー（Robert S. Taylor）の場合

ロバート・S・テイラーは果敢にも、自己所有権をカントの議論から直接に導き出そうとしている。[36] テイラーによれば、カントは、人には彼自身の人格における人間性に対する責任があるので、彼は彼自身の主人（master）であることはできるが、彼自身の所有者（owner）であることはできないと考えていた。ゆえに、いかに合意があろうとも、どれほど自己利益になろうとも、彼自身における人間性の尊重と一貫しない行為は許されないと考えた。これが、自己所有権が許容しそうな行為（自殺、臓器売買、婚前交渉など）をカントが拒否していた理由である。もっとも、カントは拒否したが、自己の主人であるという考えと、自己所有権という概念は非常に近い。

そこで、テイラーは、カントの記述には反するが、カントと自己所有権を調和させることを考える。カントは「彼の好きなように彼自身を処分する」ことが許されないと考えていた。テイラーは、このようなカントの主張は、「彼自身を所有しているとは、「彼の好きなように彼自身を処分する」自由を意味しており、つまり、自愛（self-regarding）の義務の欠如を意味している」と書き直すことができると論じる。しかし、自己所有権はそのようなことを意味しない。というのも、権利とは、保護される行為について、それに対応する自由や、義務の欠如を意味するのではないからである。それゆえ、「私には自殺する権利がある（＝あなたにはそれを妨害しない完全義務がある）」が、自殺する自由はない（＝完全だが執行されない（unenforceable）、生き続ける自愛の義務がある）」という事態はありうる。これは、「汝の人格ならびにあらゆる他人の人格における人間性」をともに尊重することの帰結である。つまり、カントの議論において理解された自己所有権と自愛の義務は両立しないわけではない。

このように理解され、抽出された「自己所有権」は、他人を物理的に妨害しない完全義務として理解されることになる。完全義務にはこれに対応する権利が存在する。そうであれば、ここで言うカント的な自己所有権とは、（他人を）排除する権利（right to exclusion）であると考えられる。テイラーによれば、自己所有権からは使用（use）の権利と、移転（transfer）の権利は導かれるが、他人の移転の権能（power）と関係する、労働収入（labor income）の権利は、自己所有権だけからでは導くことができない。しかし、少なくとも、これらの権利＝自己に関する支配権（control rights）は自己所

(35)　もちろん、カント的原理と、自己所有権のその他の性質をあわせて説明・描写する方法があるのかもしれないが、そのことは、フィザーが行っているような、自己所有権自体への言及によってなされるのではない。自己所有権の性質について、自己所有権に言及することで説明することはできない。
(36)　以下、Taylor（2004）（2005）、特に（2004）Ⅱ, Ⅲを参照。

有権が、最低限含んでいるべきものである。

「人格における人間性」の尊重が、果たしてあらゆる自殺を禁止するだろうか、ということについては問題になる。しかし、本書の関心は、カントの一貫した解釈にあるわけではなく、ノージックが言及したカント的原理の解釈を検討しているのである。ここでは、「人格における人間性」を尊重すればこそなされる自殺も存在しうるという議論[37]の存在を指摘することで、自己に関する支配権、つまり、身体所有権としての自己所有権は導出されると結論付けることにする。

三　人格としての自己所有権者――自己著述者性という人間観

本節では、ここまでに得られた自己所有権を持つ者、「自己所有権者」にまつわる問題について検討していきたい。我々は、自己所有権を与えられた自己所有権者たる人々を、どのような人々であると理解すればよいのだろうか。これは長らくリバタリアニズムに纏わりついてきた人間観に関する問題である。この問題の中心は、種としての人間（human being）と、道徳的な人格（moral person）との関係にある。まず、具体的な議論に則して、問題をあぶりだしていくことにしよう。

（1）人格の程度説とパターナリズムの正当化――自己所有権と自己所有権者

森村は、パーフィット（Derek Parfit）の著書『理由と人格（*Reasons and Persons*）』の議論に強い影響を受け、人格について、還元主義（reductionism）的な立場を採用している。森村は『権利と人格』において、六十ページ近い大きな紙幅を割いて、人格について議論している。この著作は、森村が自己所有権を基礎とするリバタリアニズムを自覚的に提唱する以前のものだが、その立場はおおむね維持されている。[38]

森村は「個人主義は、時間的に継続する不変の統一的人格の存在を前提にしていることが多い[39]」と述べ、これに対する人格観を提示するために次のような議論を展開している。森村はパーフィットに倣って、心理的な連結性（connectedness：ある二つの時点の心理的状態が直接に記憶や欲求によってつながっていること）と、継続性（continuity：複数の連結性がオーバーラップして、それらの強いつながりがあること）を説明し、この心理的連結性と継続性の程度の強弱によって考えられるものが「R関係」であるとする。森村はこのR関係の程度こそが、人格の同一性の最も中心的な規準になると考えている。[40] 彼自身の表現によれば「程度説は権利の持ち主を時間を通じて統一された人格としてではなく、特定の時点における人格としてとらえる。そして時間的に異なる自己は、全くの他人ではない

(37) 寺田（2001）参照。
(38) 人格の問題について言及した最近の議論（森村（2015a）p.256、および同（2015b））においても、この立場は維持されているようである。
(39) 森村（1989）p.76.
(40) 同 pp.77–89.

が、心理的な関係（R関係）がある程度でしか同一の人格として考えられるべきではないと主張する。このようにして程度説は将来の自己に現在の自己とは別個独立の権利を与えることができるから、今生きている人々の将来の状態があまりひどくならないように保証できる」[41]。

森村は、程度説によれば、個人主義的・自由主義的な立場が反対するパターナリズムを、ある程度、正当化することができると考えている。通常、他人への危害を防止するための危害原理（harm principle）に比して、本人の判断に反して、本人の利益になるように強制を加えるパターナリズムは、個人主義的な立場には評判が悪い。しかし、森村によれば「人格が時間の経過と共に変化していく可能性を認めるならば、現在の本人の危険な行為によって未来の本人の重大な利益や自由が侵害される恐れが強く、しかもそれが現実になったならば未来の本人はその過去の行為を後悔するであろう場合には、その行動への介入が許される。ある程度現在の本人とは別人になる、未来の本人を守るための介入は加害原理に反しない」[42]。つまり、現在の自己にとって重要な程度において他人である未来の自己の利益を守るために、現在の自己に何らかのパターナリスティックな介入が正当化されるのである。

また、森村は、このような介入を考慮する際の要素として、①将来の害の重要さ、②将来の害の発生蓋然性、③害を受けた際の後悔の蓋然性、④現在と将来の人格の同一性の乏しさ、⑤本人が問題の行為に与える価値、⑥本人の行為の合理性を挙げている。基本的に、害の大きさ、人格の同一性の程度が問題にされていると考えてよいだろう。言い換えれば、害が大きいほど、人格の同一性が乏しくなっているほど、パターナリスティックな介入は正当化されやすいのである。ただし最近では、その害の程度について「現在の行為が、実質的に他人になってしまうであろう将来の「自己」の基本権の侵害になる場合には禁止することが許されるが、単に将来の「自己」の利益を損なうにとどまる場合には禁止できない」と論じており、正当化の余地を限定的に考えていると思われる[43]。

このような立場から森村は、人格の同一性（R関係）を議論する前提である、自己所有権者が存在しなくなった後には、生前の所有物には何らの権限もないと考えることになるので、相続制度に反対する[44]。また、臓器売買については、提供者の生存を脅かすような程度のものを除いて、原則的には自由に売買されてよいと考えている[45]。そして、長期の自己奴隷化契約は、契約時の当事者と将来の当事者は重要な意味において別人だと言えるから、禁止することができると考えている[46]。

以上のように展開された、自己所有権の議論も、R関係の程度による人格の同一性論も、かなりの程度、我々の直観になじみやすいものである。たしかに、ある人Pが生まれたての赤ん坊のとき、成

(41)　同 pp.131–132. 強調は福原。
(42)　同 p.109.
(43)　森村（2013）p.106.
(44)　森村（2007）参照。
(45)　森村（2013）p.106、および（2001）pp.54–55.
(46)　森村（2001）p.55.

人したとき、死の間際にあるときは、重要な程度において、心理的に別人だろう。しかし、直観的に納得しやすい各々の議論同士の相性は、自己所有権の擁護者にとって、納得できるものなのだろうか。

もう一度、森村の人格の同一性論を考えてみよう。ある人Pとは、Pの生涯であるt_0からt_nまでの一連のつながり、つまり、p_0からp_nまでをまとめたものである。人格の変化を考える際には、ある時点t_1における人格p_1が、将来のある時点t_2において人格p_2になる、というように考えることができる。

このような人格の理解において、森村はp_1の自己所有権の範囲での決定が、p_2に重大な害や、基本権の侵害をもたらす場合、そのような自己所有権の行使をやめさせることができる、と言っていることになる。しかし、これはパターナリズムなのだろうか。

森村の考えでは、自己所有権者の何らかの決定が、将来の自己の利益や権利を害する場合に考慮されるのは、害の大きさと将来の自己がどれだけ重要な意味において他人であると言えるかである。もし、人格の同一性が他人と呼べるほどの変化をしていないのであれば、パターナリズムの正当化は失敗することになるはずである。そうであれば、このパターナリズム正当化論はp_1とp_2が重要な意味で他人であることを必要としているのであり、それは決して「本人p_1の利益」のための介入ではない。つまり、p_2の利益や権利を保護すべきであるという森村の議論は、パターナリズムではなく、危害原理によって正当化されていると考えるべきである。そして、そのことを森村も示唆している。(47)

しかし、そうであるとすれば、p_1とp_2を（程度の問題としてさえ）何らかの意味で同一人物だとみなすことは可能なのだろうか。つまり、森村のような立場に立てば、p_1とp_2の関係は、少なくとも心理的には他人である。そして、森村は人格について、物理的なつながりではなく、心理的なつながりの程度（R関係）を問題にする。心理的に他人であると言えるp_1とp_2が、（少なくとも森村の人格観からは）偶さかに、同じ身体に現れることで、それらをともにPの還元された要素であると考える必然性はあるのだろうか。このような、いわば「ともに自己でありながら、心理的には他人である」ことが森村の心理的規準説から擁護可能なのだろうか。もはや、p_1とp_2は「赤の他人」なのではないか。

また、森村は自覚的に（心理的に）還元主義的な人格観、そして、時点主義的な時間観を採用しており、それはおそらく、三次元主義的な世界観である[48]。そうであれば、少なくともp_1の世界には、p_2は存在しないはずである。つまり、存在のレベルでも、p_1とp_2は他人である。このように、存在も、心理的な継続性も他人であるp_1とp_2が、それでも、Pなる存在の還元された一部として同定できるのはなぜなのか[49]、もはやp_1とp_2がつながっているとは考えられないのではないか。

（47）　森村（1989）p.93.
（48）　少なくとも、森村（2009）p.51では「ある時点での人々の状態が関心事であるときは三次元主義がふさわしい」としている。また、森村（2015b）も参照。

もし、このような懐疑が筋の通ったものであれば、Ｐの一部と観念される p_1 と p_2 との関係は、「別人」であるＱの t_1 における一部と観念される q_1 と p_1 との関係と、どう違うのだろうか。程度説から推測すれば、おそらく、心理的継続性の程度の違いである。しかし、右の議論からすれば、p_1 と p_2 の関係は継続性（continuity）というよりは、類似性（similarity）として捉える方が適当だろう。[50] そうだとすれば、p_1 と p_2・q_1 の同一性の程度は、後二者がどの程度 p_1 と心理的に類似しているのかによる。もし、p_2 より q_1 の方が p_1 に類似しているのであれば、q_1 にも人格の程度を考える余地がある。[51]

しかし、森村を含む我々の多くは、この結論はおかしいと考えるだろう。森村は、人格の程度説を採ると「自他の区別は自己の時間的区別と類似してくる」ので、自他の境界が相対化するとは考えていたが、同時に「自他の区別と同一人物の異なった時点の人格の区別とでは、画然たる相違がある」とも考えていた。[52] しかし、もし、程度説がこのような帰結に至るのであれば、自他の区別は決定的には意味をなさなくなり、ただ心理的な類似性の程度だけが、考慮される要素として残ることになるはずである。これは、自己所有権の擁護者には受け容れ難い結論である。

森村は程度説を採ることにより、将来の自己に、現在の自己とは別個独立の権利を与え、「現在の自己による専制」とでも言うべき事態を避けようとしている。しかし、別の自己が絶え間なく押し寄せ、存在の不確実な将来の自己が、現在の自己による自己所有権の行使を拘束するということは、「将来の自己による支配」であって、それは自己所有権の擁護者が、その魅力を削いでまで許容すべきことなのだろうか。

また、自己所有権は意志説的な色彩が強い。多くのリバタリアンが麻薬使用の自由など、非道徳的・非合理的で自傷的であるとされる行為を許容しているのは、自由には選択の帰結の利益には還元しつくされない価値があると考えられているからである。それを自らの配慮によってではなく、強制的に将来の自己所有権者の利益とトレード・オフさせるのは、自己所有権論を採る意義を相当程度、減じている。

ここまではパターナリズムの正当化の過程を素材に、自己所有権と程度説の関係を見てきたが、次に、自己所有権論者の中でも意見の分かれる自己奴隷化契約について考えてみたい。これを検討することによって、自己所有権の重要な性質が明らかになる。

(49)　森村の議論は、我々は通常、過去の自己と心理的に結びついており、将来の自己を配慮している、と展開されるかもしれない。しかし、森村の世界観では、現在の自己が、「心理的に結びついている」と考えている過去の「自己」も、配慮している将来の「自己」も、現在の自己とは別人であると考えることになるはずである。おそらく、「現在の自己が将来の自己を配慮している」とは、心理的な継続性ではなく、あくまで現在の自己の心の中における、自己の将来への関心の持ち方（心理的な態度）を表現しているのである。

(50)　p_1とp_2の類似性が観念可能なのか、誰がp_1とp_2を同時に観察できるのかについては、措いておく。

(51)　このような発想の下、愛着と配慮の対象の問題として、同一人物内の異時点間の関係と異個人間の関係をアナロジカルに捉える発想として、安藤（2007）第8章、（2010b）pp.139-142を参照。

(52)　森村（1989）pp.126-128. もし、この議論が成功しているとすると、森村の最低限の生存権の保障という直観は①将来の自己を保存するように現在の自己に義務付けるのだろうか、また、②この直観と衝突する将来の自己の生存の確保のためにならなら、現在の他人を見捨ててもよい、という結論を導かないだろうか。

森村は自己奴隷化契約について「短期的な労働契約と違って、奴隷契約や長期的な労働契約の場合、契約をする当事者とそれによって将来拘束を受ける当人とは、ある意味では他人と言える可能性がある。なぜならその将来の人物は、奴隷契約を結んでしまったことを後悔して、重大な点で価値観が変わってしまっている可能性が強いからである。すると奴隷契約は、現在の契約者とは別人になってしまった将来の当人の基本的な自由を侵害するものだから、その禁止は正当化できる[53]」と考えている。これに対して橋本努は「人格の根源的可変性と生理的直感に基づく自己所有権を認める立場からすれば、むしろ、自己奴隷化契約を認めるべきではないか。そしてこれを、いつでも低いコストで解約可能にすることが、一貫した論理になるのではないだろうか[54]」と批判している。森村はこの批判を認めるが、一方で自らの議論は修正せず、「この結論が首尾一貫しない妥協であるのか、それとも私が考えたいように自己所有権論と私の人格同一性論という原理のベクトルの和であるかは、読者の判断にお任せする[55]」と論じている。

しかし、自己奴隷化契約において、仮にそれが可能だとすると、このような解約の主体や、後悔する主体を想定することが可能なのだろうか。Pの還元された一部としてp_1とp_2を考えると、t_1の時点で自己奴隷化契約を結んだPは、t_1以降に存在する可能性があったp_x（$x \geqq 1$）が自己所有権者になることを放棄している。それにもかかわらず、なぜt_2になった途端に、自己所有権者p_2であることを回復できるのだろうか。p_1たるPは、自己奴隷化契約の時点で、自己所有権者であることを辞めて、たとえばQの所有権の対象であるOになるのであり、なぜこのt_2におけるo_2が、自らの意思によってもう一度自己所有権者になること（＝解約）が可能なのか、また、その心理的状態（後悔）がp_1を拘束する理由になるのか、筆者には分からない。たとえば、t_1以降の任意の時間的位置において、「やっぱり私の体は私のものだ」と思い直したとしても、それがＰに身体所有権を再び与える理由にはならない。Ｐの身体の所有権は既にＱに移転してしまったのだ。

あるいは、森村のような論者が採用する、生理的直感型の自己所有権者になるには、種としてのヒトであることで十分なのだろうか。つまり、ヒトであれば誰しも自己所有権者なのかもしれない。しかしその場合、もちろん自己奴隷化契約によってヒトであることまではやめられないので、自己所有権者であることもやめられないはずである。そうであれば、パターナリズムの問題どころか、自己奴隷化契約はそもそも成立しえない。自己奴隷化契約が問題になるのは、種としてのヒトであることそれ自体とは別の、特定の道徳的な地位の有無が問題になるからである。

そうであれば、解約や後悔の主体であるp_2でありうるかは、o_2たるＯの道徳的地位の問題として考えなければならない。そして、o_2は自己所有権者ではないから、o_2自身の意思如何で、自己所有権者p_2として扱われることはない。それはo_2の意思とは関係なく、o_2の所有権を持つq_2の意思のみによっ

（53）森村（2001）pp.61–62.
（54）橋本努（2005）pp.26–27.
（55）森村（2013）p.149.

ていると考えるべきである。Oは快苦などの何らかの配慮の対象ではあり続けるかもしれないが、自らの意思で自己所有権者に戻ることはできない。ゆえに、程度説を採っても、パターナリズムも、当事者による低コストでの解約も導かれないはずである[56]。

この自己奴隷化契約の不可逆性という事態は、自己所有権論者にとって致命的であると思われるかもしれないが、自己所有権を真摯に擁護するのであれば、自己奴隷化契約は認められるべきだという議論は筋の通ったものである。それは森村も、賛成はしないが、その著書の中で、ヒレル・スタイナー（Hillel Steiner）の議論の一節を引いて認めている。

私の自己所有権の付属物のいずれかあるいはすべてを放棄することが私の目的実現のために最善の方法であるかどうかは、私の目的がたまたま何であるかと、その実現のためにほかにどんな方法があるか——仮にそれがあるとして——とにかかっているに違いない。おそらく自己所有権の付属物のすべてを軽々しく放棄する人はほとんどいないだろう。それゆえ自己所有権は、契約の自由の廃棄に対する防波堤であるのと同様に、非自発的奴隷化に対する防波堤、そして自発的自己奴隷化のパターナリスティックな防止に対する防波堤でもある[57]。

個々人の生の目的や利益追求の別個性を尊重するのであれば、自己所有権は自己奴隷化契約を禁止しないだろうし、それが禁止されるべき事柄だと考えるべきではない。その選択肢は、他の選択と同様に、本人にだけ開かれていると考えるべきである。自己所有権は、最大限の自由とともに、かように重い帰結に対する責任を自己所有権者に課している。

自己所有権をこのような発想の下に擁護したいと考えるのであれば、直観的には受け容れにくいかもしれないが、非還元主義的な人格観を採用する理由がある。おそらく、自己所有権の擁護者は、過去・現在・未来を持つ人格という擬制から自己所有権者を「解放」すべきではない[58]。

ここまでに論じてきたことで、あらためて強調しておくべき点は、自己所有権は自己所有権者によってのみ、全部であると部分的であるとを問わずに、移転可能なものであるということだ。自己所有権を移転させた後の個人は、もはや自己所有権者ではなく、おそらく、道徳的には配慮の客体でしかない「只のヒト」となるのである。つまり、自己所有権とは、獲得／喪失されうる道徳的な地位(moral status) という側面を持つのだと考えてよいだろう。人間は、道徳的人格であることをもって

(56) もちろん、解約の条件や、定期的な契約の見直しなどを、あらかじめ内容に盛り込んで、当事者が契約を結ぶことは妨げられない。橋本の議論をこのような意味で理解するなら話はまた別である。

(57) Steiner (1994) pp.232-233, n.5. 訳は森村の意図を明らかにするために、森村 (2001) pp.58-59に従った。また、このほかに、自己奴隷化は認められるという議論として、Nozick (1974) 邦訳 p.536、Vallentyne (2011) p.163も参照。

(58) 大屋 (2010) は人格と自由や幸福の関係を緻密に議論しており、有益である。また、還元主義的な人格観を批判し、非還元主義的な議論を展開するものとして、Searle (2001) Ch.3.

自己所有権を獲得することができ、自己所有権者となる。自己所有権は、あらゆるパターナリズムを排し、道徳的人格の意思に全面的に従うことになる。重要なのは、ここで想定されている自己所有権というものは「人間が人間であるがゆえに」という論拠によって提供されるような、人権の一種ではなく、それとは別の道徳的な正当化を必要とする、道徳的な権利だということである。リバタリアニズムは自己所有権を普遍的な原理だと考えているが、潜在的にはヒトでありながら自己所有権者でない者の可能性を認めざるをえない[59]。そして、その者に対しては、パターナリズムなどを許容する理由がある。この点を明らかにするために、前節で登場したテイラーは、自己所有権者たり得る道徳的人格と、それ以外のものの関係について、次のように整理している[60]。

道徳的な実践において、単に手段としてのみならず、人々を目的それ自体として扱うとは、どのようなことなのか。たとえば、脅迫のない自発的な経済的交換は、相手を手段として用いているが、許容されると思われる。交換は経済的な手段だが、相手の自発的な意思が尊重されているので、手段としてのみ服従させて扱っているのではない。真の問題は、どのようなときにはそのような扱いに失敗することになるのかという点である。これを考えるには、相手が何者であるかが決定的に重要である。次のようなケースを考えてみよう。主体Aは目的Xのために主体Bを利用（use）したい。道具的な合理性において、Xの達成のためには、Bの協力を確保することがAにとって最もコストが低い。そのときにAが採りうる方策は次のように段階的に分けられる。

①パートナーとしてBに協力を求める（enlist）：Xについての利益をAと共有する
②ボランティアとしてBに協力を求める：Bの共感を得る
③正直にBを雇う（hire）：経済的利益に訴える
④だまして（fraud）Bを雇う：特定の雇用条件を隠す
⑤間接的にBを強制する（coerce）：Bを物理的な力で脅す（threat）
⑥直接的にBを強制する：Bに物理的な力を使う（use）

ここで、Bを合理的な主体ではなく、たとえば、小さな子供や動物であると考えてみよう。子供については、①から③までの方法は、様々な目的のために許容されると思われる。しかし、④から⑥についてはどうか。たとえば、子供が車道に飛び出そうとしているとき、それを物理的に妨げるということは許されるように思われる。それが許されるのは、まだ十分に合理的でない子供の最善の利益に訴えた、パターナリスティックな理由であるからだと思われる。とはいえ、手段の望ましさに関しては、⑥から①に向かって望ましくなることには変わりがない。

(59) 逆に、特定の条件が満たされるなら、ヒト以外にも、自己所有権を認める可能性がある。この点について、安藤（2015）、大屋（2015a）のやり取りは大変興味深い。
(60) 以下、テイラーの議論は Taylor（2004）Ch.5による。

動物については、①から③の方法は通常、妥当しないので、④から⑥の方法を採用することになる。場合によって、残虐な行為は禁止されうるが、基本的には動物を好きなように扱うことができる。この場合でも、通常、⑥から④に向かって望ましいと評価され得る。たとえば、犬をしつけるのに、棒で叩くよりもエサで釣る方が、まだ望ましいと思われる。

ここまでで明らかになったのは、子供については、①から③までは通常許容され、④から⑥はパターナリスティックな理由であれば許容されること、また、動物については、単に④から⑥までが許容され、それ以外は妥当しないということである。では、自己所有権者たりうる合理的な主体についてはどう考えるべきだろうか。

ここでテイラーはネーゲルを引用して、人格の不可侵性（inviolability）を地位（status）という概念と関連付ける。

> 不可侵であることは、侵害（violate）されないという意味ではない。それは道徳的な地位なのである。それは、全く許容できず、もし起こったら、人格が不当に取り扱われるような、特定の方法で侵害されないということを意味する。[61]

このように考える場合、AがBを自らと等しいものとして扱ったと考えられるのは、①から③のような取り扱いであろう。なぜなら、自身の目的を持つ自律的で合理的な主体として、Bの地位を尊重しているからである。では、④から⑥についてはどう考えるべきだろうか。もし、④から⑥のような扱いをパターナリスティックな理由によって行うなら、それはAと等しいものであるはずのBを小さな子供として扱っていることになる。もし、パターナリスティックでない理由によってそのように扱う場合は、動物として扱ってしまうことになる。ゆえに、目的それ自体としても尊重することができているのは、①から③のような扱いをするときだけである。

ここまで、自己所有権者を扱う際に見られる地位としての側面を確認してきた。そのような地位にあるものがどのように扱われるべきか、さらに、その地位を持つものとそうでないものの違いはどこにあるのかが、少しずつ明らかになりつつある。明らかに、自己所有権を持つ人格として扱われるためには、合理性や自律のような言葉で表現される、一定以上の道徳的な能力（moral capacity）が要求される。子供や動物がその対象からはずされるのは、このためである。

しかし、このような要求は、卓越主義（perfectionism）への一歩でもありうる。リバタリアニズムは、善き生の多様性など、リベラリズムとしての特性を共有しているから、（ランドは例外かもしれないが）[62]一般的に、リバタリアニズムは卓越した特定の善の構想を個人に強制するようなことはない。では、このような多様性の承認と道徳的な能力の要求はどのようにすれば両立するのだろうか。

（61）Nagel（1995）pp.89-90.
（62）ランドを卓越主義と見てよいかは（語用の独特さもあり）判断が難しい。Rand（1964）.

以下では、リバタリアニズムの人間理解にスポットを当てよう。

(2) リバタリアニズムの人間観――自己著述者(self-author)としての人格へ

リバタリアニズムは人間をどのようなものとして認識しているのだろうか。これについては、吉永圭による、その名も『リバタリアニズムの人間観』と題される著作が存在するほど、多くのことを考える必要があるが、ここでは主に事実的な人間像と規範的な人間観という区別を重視して、議論を進めていきたい。

森村は現実の人間について、「簡単に言えば、人は十人十色だというのが、リバタリアニズムの主張である[63]」と論じている。ノージックが論じている通り、「人々は、気質、興味、知力、情熱の対象、生まれつきの性向、魂の求めるもの、そして送りたいと思う人生の種類において異なっている」のである。そのように様々である「人々にとって最善であるような一種類の生が実際にあるだろうか[64]」という問いには、否定的に回答することになるだろう。そして、森村は次のように続ける。

人間というものはこれほど多様だから、政府にせよ共同体にせよ他の誰かにせよ、特定の生き方や価値観を個々人に押し付けるべきではなく自由を認めるべきだ、というのがリバタリアンの発想である。リバタリアンは特定の人間像を前提しているわけではない[65]。

ここから言えることは次のことに尽きる。リバタリアニズムは、事実において人間は多様であると認識しており、その中でどのような生き方をすべきかということについての特定の考えを持っていないし、しばしば批判されるような、合理的で自律的な「強い個人」の想定を持っているわけではないと考えている。リバタリアニズムは各人の異質性を強調する一方で、経験的に、人間には最小限度の合理性をはじめとする、共通の人間性が存在していると考えている。「自然法の最小限の内容[66]」に代表されるような発想を前提にすることは、リバタリアニズムに特徴的なことではない[67]。

その一方、理想としての人間像については、各個人がどのような考え方を持っていてもかまわないが、リバタリアニズムが何らかの善き生き方についての主張を持っているわけではない。そのようなものを想定する卓越主義とは対立することになる。つまり、リバタリアンはいかなる人間像をも期待していないのである[68]。ここで言われている理想的な人間像は、価値ある善き生き方についての主張で

(63) 森村（2013）p.5.
(64) Nozick（1974）邦訳 pp.502–503.
(65) 森村（2013）p.5.
(66) Hart（2012）邦訳 pp.302–311. その内容は、人間の傷つきやすさ、大まかな平等性、限られた利他性、限られた資源、限られた理解と意志の強さの五つにまとめられている。
(67) 森村（2013）pp.6–8.
(68) 同 p.9.

ある。リベラリズムが想定する善き生の構想の多様性は、リバタリアニズムにも当てはまるのである。

このような従来のリバタリアニズムの人間像に対して、何らかの実質的な人間観が必要であると論じたのが吉永である。吉永は、各人が勝手に目的を設定し、それが他者を危害しなければ、各人の自由として尊重されるべきである、というようなリバタリアニズムの想定は、社会の面や制度の面において、現実に機能するものだろうかと疑義を呈す。実は、森村が引用したノージックによる「ヴィトゲンシュタイン、エリザベス・テイラー、〔中略〕あなた、あなたの両親。これらの人々の各々にとって最善であるような一種類の生が実際にあるだろうか」という一節は、相当程度、自律的で合理的な強い個人を羅列しているのではないか。そうであった場合、議論の前提として用いられたものの中に、秘密裏に確固たる人間観が入り込んでいるのではないか[69]。

これに対して、吉永は人間観に善としての人間観と、正としての人間観という区別を導入する。前者は個々人の理想の生き方についての人間観、後者は公的秩序維持のための制度に資するような人間観のことである。卓越主義は前者には当てはまるが、後者には当てはまらない。そして、吉永は後者に「緩やかな程度の政治志向性」を求め、確固たる人間観あるリバタリアニズムを主張した[70]。

このような吉永の批判と主張に対して、森村は次のように回答する。たしかに、制度の維持に関心のないような人間ばかりでは、リバタリアンな社会は維持されないかもしれないが、だからと言って、すべての人がそうあるべきだということにはならないし、おそらく、多様な人の中にはそのような人もいるだろうと楽観的に想定できるのではないか。どんな社会にも医師は必要だが、誰もが医師になる必要はないのと同じである。[71]

この森村の応答はもっともであろう。吉永の正としての人間観は、制度を維持することを目的とした場合に、必要とされる人間観である。しかし、制度を維持するために人間が存在するわけではないし、仮に特定の制度を維持できるような人間観に依拠することでしか維持できない制度であるならば、そこには何らかの無理があるように思われる。そこでは議論が転倒してしまっているのではないか。

以上のような、リバタリアニズムの人間観についての議論において、本書が注目すべき点は、確固たる人間像なき（従来の）リバタリアニズムが、その具体的な人間像の内容を議論の前提に、検証なしに盛り込んでいる可能性があること、そして、善としての人間観以外にも、規範的な人間観（それは吉永の正としての人間観ではなさそうだが）を想定することが可能であろうことである。このような認識は、自己所有権の付与される道徳的人格について、規範的な人間観の説明が可能であり、かつ、必要になることを示唆する。ここで注目すべきことは、やはり、事実としての人間像と、本書が

（69）吉永（2009）pp.28–41.
（70）同終章。
（71）森村（2013）p.15.

想定している道徳的人格、および、自己所有権を付与された自己所有権者の人間像との関係である。リバタリアニズムの認識からすれば、人間は事実として多様である。より詳しく述べれば、気質、興味、知力、情熱の対象、生まれつきの性向、魂の求めるもの、送りたいと思う人生の種類において様々なのである。これらはすべて、我々の内的（精神的）な特質についての記述である。これは言い換えれば、人間の自律性や合理性、選好などにおいて人々は様々であるということである。筆者がここまでに示した通り、自己所有権は自律性などを含んだ、一定の道徳的な能力を要求している。つまり、そのような能力によって、人々は自己所有権を付与されたり、付与されなかったりするのである。

ここで一つ、解決しておくべき事態が生じる。人間は、事実として多様であるから、道徳的な能力においても様々であるはずである。しかし、それではなぜ、そのような人格は一様に自己所有権という単一の権利・道徳的地位を付与されることになるのか。たとえば、筆者のような卑俗な凡人と、高潔で思慮深い高僧を考えた場合、筆者はその近視眼・意志の弱さ・計算能力の低さにより、人格としてやっと認められる程度の道徳的な能力しか備えていないだろうが、高僧はその聡明な見通し・強靭な意志・高い計算能力によって、大変高度な道徳的な能力を備えていることだろう。このときに、筆者が道徳的に重要であると考えた道徳的能力の面において大きな違いが生じているにもかかわらず、筆者も高僧も自己所有権、つまり、自らの身体の所有権という同一の権利を与えられるに過ぎない。このことは、道徳的に重要な事柄（ここでは道徳的な能力の程度）を、その人格の扱いに上手く反映できていないということにならないだろうか。もちろん、実際にどのような利益が自己所有権を与えられることによってもたらされるかについては、異なった帰結をもたらすのかもしれない[72]が、ここで重要なのは道徳的人格の規範的なレベルでの扱いである。

このような問題は、上述した人格と子供や動物の間の関係の考え方からも導かれる。つまり、人格は子供や動物に比べて、道徳的能力が高いので、等しきものとして子供や動物を扱うことを要求されないのであった。しかも、それは子供と動物の間で差がもたらされたことから、程度の問題として、段階的に考えられていた。そうであれば、つまり、道徳的能力の比較によって扱い方が変化するのであれば、当然、筆者と高僧との間には、道徳的に差のある扱いがなされるべきである[73]。この問題は、事実としての人間の多様性と、遍く人格を等しく自己所有権者として扱うこと（treat as moral equals）の間の、自己所有権リバタリアンには必然的に生じる問題である。

この問題を解決するために、ロールズが導入した範囲性質（range property）という概念を導入しよう。ロールズは平等の道徳的基礎を求める『正義論』の第七十七節において、平等な正義を要求する資格があるのは道徳的人格であると論じ、道徳的人格の特徴を、①合理的な人生計画によって表明

（72）細々と生きていく筆者とは違って、高僧はその徳の高さで名声を得たり、卓越した人生を送ることができるだろう。
（73）Arneson（2015）pp.36–37.

されるような自分の善についての構想を抱くことができる、②正義感覚（＝正義の原理を適用し、それらに基づいて行為したいという実効的な欲求）を少なくとも最低限度は抱くことができる、という二点に求めている。この道徳的人格性（moral personality）は、そのようなものを生まれつき欠いている可能性や、個々人は異なる程度で正義感覚を有しているという理由から、決して厳しい要求であってはならない。それゆえ、最小限の能力が満たされるならば、平等な自由を要求する資格が付与されることになる。このような道徳的人格性は、ある最低限以上の道徳的能力の違いを許容するという意味で、範囲性質として扱われることになる[74]。

この範囲性質の議論のかたちは、分配的正義論上の、いわゆる、十分性説の議論によく似ている。範囲性質として捉えられた道徳的人格性＝一定の道徳的能力は、ある閾値を超えることで、その範囲性質を満たしたと評価されることになるが、その閾値を越えた以上の程度については、道徳的な重要性を与えられないのである[75]。このように考えると、ある一定以上の道徳的能力を備えた者を道徳的人格として扱い、等しく自己所有権者であると扱うことができるようになると思われる。

しかし、それでも、なぜそうなのかという問いは止まらない。すなわち、重要であるはずの道徳的能力の違いが、なぜある閾値以上においては、重要でなくなると考えることが可能なのか。そのように考えるならば、なぜあらゆる道徳的能力の差異自体が重要なことでない、ということにならないのか[76]。このような批判は、平等論からの十分性説への批判に似ており、これに対する回答はもっぱら閾値の性質の理解にかかっている。このような事柄を解決するためには、ある特定の閾値の基準が何によってもたらされているのかについての根拠、また、ある閾値以上の人格間での道徳的な能力の差異が重要でなくなる理由を述べなければならない。

まず、ある閾値以上において、相互に道徳的能力に差異のある人格を等しき者（equals）として扱うことができる理由を考えていくことにしたい。この点について、ロールズの範囲性質を修正する形で議論を展開したのが、カーター（Ian Carter）である。カーターは、曖昧な尊重（opacity respect）という概念を導入することで、この問題を解決しようとする。範囲性質は、ある一定程度以上の道徳的能力を持つ人々を人格として数え、尊重の義務を負わせる。そのような尊重について考えるとき、我々はそこに曖昧な尊重が含まれていることを意識することになる。というのも、曖昧な尊重は、ある人格が閾値よりどの程度道徳的能力を高く備えているのか値踏みすることを慎むこと、また、そのような能力についての情報を用いることを慎むことを（少なくとも、ある特定の場面においては）要

（74） Rawls（1999）Sec.77. この議論は、節の表題の通り、平等の道徳的基礎を論じるものだが、これが想定されているだけで、論証には失敗していると論じているものとして、井上彰（2014b）pp.175-177.

（75） この議論は Casal（2007）が論じている、十分性説のポジティヴ・テーゼ（ある閾値以上の暮らしを送ることの重要性の主張）とネガティヴ・テーゼ（ある閾値以上での平等主義的・優先性説的な理由での追加的な分配の否定）に似通っている。もちろん、ここでの関心は福利状況等にはないから、ミスリーディングな表現かもしれないが、閾値に与える道徳的な役割に関しては極めて近しいものがあり、少なくとも考えるヒントにはなるように思われる。

（76） Arneson（2015）pp.36-37.

求するからである。このようなことは、道徳的能力を持つという範囲性質だけがレレバントであり、すべての人格がその範囲での道徳的能力を持っているならば、すべての人格は等しく基本的な権利と義務を持つことを示している。ゆえに、閾値の道徳的能力と曖昧な尊重の組み合わせは平等を生むのである。(77)

たしかに、我々が人格を単に手段としてのみならず、同時に目的としても扱う、というカント的な人格の尊重を考えたとき、我々はその経験的な詳細な内実については捨象し、単純に主体として扱った。そして、カーターの発想を筆者の議論に導入するなら、そのような別個の内実に従った扱いをするよりも、曖昧に「人格」として扱う方が適切であり、それこそが人間ではなく人格を尊重するということの意味するところだと、カーターを解釈することができる。

しかし、この議論はその大きな割合を経験的な推論に基づいている。カーターは、それが我々の公共空間での扱われ方と重なるというが、それは規範的な議論ではないと言わざるをえない。現実の我々がそうしていることは、そうすべきことの十分な理由にはならない。(78) もっとも、このような問題は、前述のもう一つの問い、ある特定の閾値の基準が何によってもたらされるのかについて考える際にも関連してくるので、こちらの問題に移ることにしよう。

問題は、範囲性質の閾値が、なぜある特定の場所に引かれるべきであるのかについてである。これに対する答えは、ノージックの議論において最も曖昧でありながら、多大な関心を集めてきた主題、「人生の意味」に強く関連するものである。まず、ノージックのこの点に関する議論を確認しよう。

ノージックは付随制約の基礎について、次のような問いを立てている。

正確に人々のいかなる性質のゆえに、人々が互いに相手を扱い、また扱われる仕方について、道徳的付随的制約が存在するのか。〔中略〕これらの性質がこれらの制約と結びつくのはなぜか。[79]

ノージックはこのような問いに対して、次のように検討を進めていく。伝統的に、そのような性質として、感覚を持ち自意識を有する、理性を持つ、自由意志を持つ、など様々な候補が挙げられてきた。これらを考えたとき、およそ知能が高いとか、予見力があるというのは、そのような制約との関連性を見出すことは難しい。それに閾値を設定するとしても同じである。「たとえある生物が、選択肢の中から自主的に選ぶ能力を有していても、その生物に選択させる理由があるだろうか。自主的選択は、それ自体が善いのか[80]」。

ノージックはこのような個別の能力の程度が、付随制約を導くことはないと考え、「列挙された特

(77) Carter (2011) pp.550–560. また、Arneson (2015) pp.44–45. この議論も、平等の基礎を提供することに失敗しているという議論として井上彰 (2014b) pp.177–179.
(78) 同。
(79) Nozick (1974) 邦訳 p.77.
(80) *Ibid.* 邦訳 pp.77–78. 強調原文。

性の各々を必要条件とし、たぶんこれらをあわせれば十分条件となる(81)」ようなものとして、媒介変数Mを設定する。このMは、合理性・自由意志・道徳的能力などをその重要な要素として含み、また、それらはMの重要な手段でもある。しかし、これらは単にこれまでに挙げられた特性を複数含むというだけのものではないのかと問われそうである。これに対して、ノージックはMを備える者を「自分の生き方に対する長期的計画を立てる能力をもち、自分のために形成する抽象的原則と配慮を基礎にして考察と決断を行うことができ(82)」る等々というような存在であるが、これは上で挙げた三つの特性を超過しており、「個々の具体的決定の指針となる、生き方についての長期的計画または全体的見地と、これらの基礎となる三つの特性とを理論上区別できる(83)」。そのような意味でMは全体的な観念(overall conception)である。

ノージックによれば、このような、「自分の人生全体についての像を形成し、自分が送りたいと思う人生の全般的構想に従って行動する(84)」という能力の重要性は、「人生の意味という曖昧で困難な概念と関連する(85)」。

人が何らかの全般的計画に従ってその人生を形作ることは、人が自分の人生に意味を付与するやり方なのである。こうして自分の生を形作る能力を持つ存在のみが、意味のある生を有し、またはそのために努力することができる(86)。

この人生の有意味性という概念が「何か「存在と当為」の間隙を架橋する助けになりそうな、ぴったりした「感じ（feel）」をもっていることに、注目しなければならない。それは、うまい具合にこの両者にまたがっているように見えるのである[87]」。

このようにノージックの付随制約と道徳的能力との関係は、個人の生に有意味性を付与することによって結び付けられるのである。ノージックが論じた、個別の性質に還元されない、全体的な観念としてのMは、ここまで本書で論じてきた道徳的な能力として捉えることができるだろう。さらに、Mは先述した範囲性質として理解して差し支えないように思われる。なぜなら、Mはそれを備える者に付随制約を認めるような十分条件として設定されており、これはある閾値を満たすこと（Mという性質を備えること）を超えた場合に、その具体的な程度には言及せずに、道徳的人格として扱う（付随制約を課す）ことになるからである。このように考えられるのであれば、ノージックの「意味ある生

(81) *Ibid.* 邦訳 pp.78.
(82) *Ibid.* 邦訳 pp78-79.
(83) *Ibid.* 邦訳 pp.79.
(84) *Ibid.* 邦訳 p.80.
(85) *Ibid.*
(86) *Ibid.*
(87) *Ibid.* 邦訳 p.81.

（meaningful life）」による道徳的な能力と付随制約（自己所有権）との間の架橋は成功しているように思われる。

しかし、ここで「人生の意味」がこの議論において一体どのような役割を果たしているのかが、当然、問題になる。この言葉はあまりにも曖昧でありながら、とても大きな役割を担っている。「人生の意味」とは何か、有意味な生とはどのようなものかという問いは、数多くの論者が問題にしてきたが、議論は錯綜しているように見えるし、少なくとも現在の筆者が十分整理できるものではないと言わざるをえない[88]。しかし、ここでの「人生の意味」がどのようなものであるかはわずかばかりでも明らかにしておく必要があるだろう。少しだけ触れておこう。

まず、ここで問題にすべき「人生の意味」「意味ある生」の意味の性質を限定しておく必要があるだろう。ここで問題になっているのは、「およそ人間にとって意味ある生とは何だろうか」という大上段に構えた、長い間継続し、不変で、深淵なる人生の客観的意味を求めることで得られるものではない。ある人の外部に存在している何かが、その人の人生に意味を与えるという仕方で意味を与えるだろうと考え、一体意味を与えるその何かとは何だろうかと考えているのではない。よりミクロに、ある特定の人の、ある特定の人生の意味を与える場面において「人は自らの生にどのように意味を見出す／付与するのだろうか」と問うているのである。他人から見れば真に空虚な人生にも本人は意味を見出すかもしれないし、逆に他人には意味に溢れた人生（というのは不思議な表現だが）にしか見えない人生が本人には有意味に思えないかもしれない。このように捉えられた人生の意味とは、主体に全く依存しないという意味での、純粋に客観的なものではない。一方で、それは人が生きている外の世界とリンクして限定づけられているという意味で、単に精神的な営みのみでできているわけでもない。このような形で主観を中心として、意味を形づくっている。

さて、ここでの人生の意味がこのようなものであると考えるとして、それの一体何が重要だというのか。ここで、ノージックが提出した経験機械の事例を思い出そう(89)。人が望むどんな経験でも与えてくれるような経験機械があるとして、これにつながれるべきでない理由を考える。ノージックが強調するように、「我々の人生が内側からどう感じられるかという以外に、一体何が我々にとって問題なのか」(90)を考えるためにこの思考実験はなされている。この思考実験は、福利論の快楽説を退け欲求充足説を擁護する際にしばしば登場するが、上述の問いへのノージックの回答は、①我々は経験だけが欲しいのではなく、実際に行いたいと考えている、②我々が特定の形で存在し、特定の形で人格でありたいと思うから、③経験機械は我々を人工の現実に限定し、それ以上の深さや重要性を持たないから、というものであった。おおむね、現実の世界との関わりがないことを問題視するものだが、ノージックは経験機械に自己の問題に対応する変身機械、現実に影響を与えたいことに対応する結果機械

(88) Nagel (1979) ch.2, (1986) ch.11, Nozick (1981) ch.6, Singer (1993) ch.12など。ここでは主に Schmidtz (2002) による Nozick 解釈の議論を参考にした。
(89) Nozick (1974) 邦訳 pp.67–72.
(90) *Ibid.* 邦訳 p.68. 強調原文。

を経験機械に追加することによって、さらに問題の核心に迫ろうとする。これらの操作をした後にノージックは次のように論じる。

これらの機械について最もまずい点は、それらが我々の代りに我々の人生を生きるということにある。〔中略〕我々が望んでいるのはたぶん、現実に触れながら自分自身を生きる（能動的述語）ことなのである。（そしてこれは、機械が我々の代りにすることができない。[91]）

これは単に欲求充足説の快楽説に対する優位を述べるものではない。もし、経験機械に結果機械が搭載されているなら、（経験要件を脇に措けば）ある人が機械の中で実際に持っている欲求が現実に充足されてしまうのだから、欲求充足説と快楽説の差はここでは生じない（どちらでも福利が生じている）。そのような機械が存在してなお不十分な点があるというのが、ここでの「現実に触れながら自分自身を生きる（能動的述語）こと」ということの意味と重要性なのである。これをデイヴィッド・シュミッツ（David Schmidtz）は次のように表現している。

この〔経験機械の〕教訓は、我々が感じた経験で我々が欲したものすべてを得たのだとしても、我々はまだ欲するすべてを得ていないかもしれない。何かがないのだ。そして、そのない何かとは人生の意味だと表現することがフェアであると思われる。意味がないのは、能動性がないか

らだ。(92)

ここまでかなり抽象的な形で、ここで問題になっているような意味での「人生の意味」にアプローチしてきた。それが何であるかをはっきりと明示することはできないが、自分の人生に意味が付与されるのは、欲求の充足などには還元されないようなレベルで、自らの人生を自ら生きるということ、能動性によるのである。これは何らかの人生の計画を合理的に作り上げることや、首尾よく遂行・達成することではない。しかし、自らの手で計画を作り上げ、遂行することではある。そのことが人生に意味を付与する。

このような「意味ある生」の議論は、先述の曖昧な尊重の議論と相まって、重要な示唆を与えるように思われる。もし、ノージックが言うように、Mという道徳的能力を備えて、各人が各人の人生に各人にとっての「人生の意味」を付与するなら、そして、そのようにしてしか各人の「人生の意味」が付与されないとするならば、何らかの道徳的能力について、ある閾値以上において差異があるとしても、人格の別個性は、その人生に価値を付与しているところの「意味」を導き出す能力の差異の重要性を否定することになる。言い換えれば、各人の生が重要性を持つのは、その生が意味あるものだ

(91) *Ibid.* 邦訳 p.70. 強調原文。
(92) Schmidtz (2002) p.210.

からであり、その意味はMを備える各人格毎にしか付与されえないものであるのだから、その場合に、他人格との関係において道徳的能力に差異があることは、ある人格の人生の有意味性に何ら影響を与えない。このように、価値の源泉である人生の有意味性の各人間での比較は不能であり、そのような意味を与える役割だけを与えられている範囲性質Mの程度は、その役割を十全に果たすための閾値を超えている場合には、もはや問題とならない。ゆえに、Mを備えている各人格を、道徳的に等しきものとして扱う（treat as equals）ことができるのである。

このように理解された自己所有権者たる道徳的人格は、明らかに、Mのような能力を用いて自らの人生を形づくるということを要求されている。このような人格の想定は、再び人間観について、例の批判を引き寄せることになるかもしれない。リバタリアニズムは自律的で合理的な強い個人や荒々しい個人のような人間を前提にしている。現実の人間はそのようなものではないし、あるいは、自己所有権者であることを求めることは一種の卓越主義に属するのではないか。また、筆者は前章において、リバタリアニズムの帰結主義的正当化を批判したときに、フリードマンが想定していた強い合理性と帰結の最大化の結びつきを断つために、人間の合理性の想定に対して批判的な態度を取ったのではなかったか。このような「人間の強さ」の問題についてどのように答えるべきか。

筆者は、行動経済学が挙げるような「限定合理性（bounded rationality）」や「限定意志力（bounded willpower）」[93]の制約を受け容れてもなお、このような人格観は否定されないし、その構想のモチベーションに反するものでもないと考えている。なにより、筆者はMのような合理性・自由意志・道徳的能力などは、範囲性質の程度を満たすようには要求したが、それはフリードマンが想定したような、合理的経済人（ホモ・エコノミクス）のような意味での合理性ではない。何より、限定合理性の主張は、人間は全く合理的ではないと主張しているのではなく、これまでに想定されている程度とは重要な意味で異なる程度に合理的でないという、限定的な否定なのである。[94]筆者は具体的にMが、限定合理性の主張よりも強い合理性を要求しているかどうかについては、正確に何か言えるわけではない。しかし、筆者の議論では、強い合理性による合理的な選択が何らかの帰結の善さをもって正当化されているわけでも、合理的であることが自律の証拠であるとか、自己目的的に善いと論じているわけでもない。少なくともこの議論は、あまりに強い自律や合理的な計算能力を持つ人間が前提されていると批判されるほどには、人間を自律的・合理的であるとは想定していない。

ここまで論じてきたような、自己所有権の正当化に道徳的能力（M）や、人生の意味を明確に関連付けて論じるリバタリアニズムのモチベーションは、標語的に、自己著述者性（self-authorship）[95]と表現できるかもしれない。筆者はこの言葉を、Mの持つ自らの生についての態度、関心の在り様を表現しているものとして用いている。手垢のついた表現で言えば、自分の人生の著者は自分なのだということだが、もう少し具体的に表現するなら、たとえば、ノージックの最も徹底的な批判者であった

（93）たとえば、Jolls, Sunstein and Thaler（1998）など。行動経済学と法に関する議論は枚挙に暇がない。
（94）たとえば、Thaler and Sunstein（2008）邦訳 pp.18–22.

コーエンが、ノージックが採用したロック的但し書きのベース・ラインに対する批判を展開するなかで用いた、次のような表現の中に（裏返しとして）見て取ることができるように思われる。

> 人々が他者との間で構える一種の力関係に見出す価値を、権原理論家は看過することが多い。いわゆるリバタリアンが公然と称揚する人間的自律性と自分の人生に責任をもつことの重大性からすれば、このような看過は異常である(96)。

また、ノージック自身も、通説的なリバタリアニズムの理解（自己所有権論と消極的自由の擁護）を超えるような側面について自覚的だったように思われる。ノージックは付随制約を導出する過程において、次のように論じている。

> この議論建てによって得られる特定の道徳内容〔付随制約〕は、それぞれが辿るべき自分自身の人生をもった個々人が別々にいるのだという点に焦点を当てるが、それが自由尊重主義的制約の全部になるわけではない。〔中略〕これ〔パターナリスティックな介入〕の禁止に至るためには、個々人が別々に存在し、自分の人生はそれぞれが辿るのだという点に焦点を当てねばならない(97)。

このような表現からは、自己著述者性というモチベーションが次のような要素を含むようなものであると思われる。すなわち、自己著述者性は、自らの人生における事柄すべてを、自らの決定の下に置き、自らに帰属させようとするものである。自らの決定の下に置くとは、何を決めるかということとは別に、どのように決めるかという、人生についてのプロセス的な見方が含まれることを示している。ノージックの「それぞれが辿る」という表現には、幅を持つ、動的な性質が示唆されている。自らに帰属させるというのは、人生の目標や・内容が何であれ、成功如何を問わずに自らの決定の帰結などを自らに帰属させるということである。「自分の人生に責任を持つこと」はこの一端である。

自己著述者性という言葉に従って、これを作家のメタファーで表現するとすれば、次のようなものになるだろう。本には、必ず書き手がいる。その本がどのようなものであるかは、書き手がどのような主題、文体などを用いて記述していくか（何を目標に、どのように生きていくかなど）に影響される。その本がベストセラーになること（何らかの社会的な成功を収めること）は喜ばしいことである

(95) self-authorship の語は、管見の限り、教育学で用いられているようだが、ここでの意味は、そのようなものとは関係がない。また、ジョン・トマジ（John Tomasi）は、従来のリベラル（High Liberal）の見解に対して、道徳的人格における経済的自由の重要性を強調する際に、この自己著述者（性）という語を多用する（たとえば、Tomasi（2012）、Brennan and Tomasi（2012））。トマジの見解には共感を覚える部分が多いものの、しかし、ここでの意味はこれとも異なる。

(96) Cohen（1995）邦訳 p.108. 強調は福原。

(97) Nozick（1974）邦訳 pp.53-54. 強調は原文。

かもしれないが、その本の内容、その本が誰の本であるのかには影響しない[98]。しかし、書き手にとって「本の出来」（自分にとって自分の人生が上手くいっているか）は重要なことであり、それが自分の書いた本の出来だということは認めなければならない（責任を負うなど、自らに帰属させる）。そして、その本が書き手の本であるためには、ゴーストライターによって書かれていたり、無理やり書かされていたりしてはならない（パターナリズムや他人からの強制を排除せねばならない）。もっとも、自分の紙幅を他人に譲り渡す決定（自己奴隷化契約など）や書くことをやめることも、自発的に行うことができる。自分では書かないという真摯な決定も、自己著述者性は許容する。そして、本を書くには、十分な紙幅と、文字を書いて文章にし、意味をなすものにする能力（人生を意味あるものにするのに十分な資源や能力）を備えていなければならない。

このメタファーが示唆するところを、もう少し分析的に記述することを試みてみよう。自己著述者性のイメージの中には、本と書き手が登場するが、これは現実レベルでの人生を送る自己（経験的自己）と、どのような人生を送るかを経験の集積から判断する自己が存在していることを示している。この二つの自己は、一人の人間の中に何らかの決定をして行為し、その結果、現実に起きたことを次の決定にフィードバックするものとして考えられている。これらを分けて記述するのは奇妙に思われるかもしれない。およそ素朴な人間の描写はこれらを一つにしたものであるように思われるからである。しかし、たとえば、自己所有権を考える際に登場する自己奴隷化契約の問題は、この区分を要求する。筆者は、上述の通り、自己奴隷化契約は有効に成立しうると考えた。そうすると、比喩的に表現すれば、自己著述者性は、自分では本を書かないという真摯な決定によって、自分の紙幅を他人に譲り渡す決定を許容できなければならない。そして、このことが真正に自らの決定が反映されたものであるとみなされなければならないのである。そうであれば、経験の集積・解釈から判断する自己（二階の自己）のさらに一つ上の階層に、二階の自己の判断に真正さを与える自己（三階の自己）が存在することになるように思われる。通常、自己所有権は、三階の自己が二階の自己の判断に真正さを与えることを要求するが、自己奴隷化契約は、契約の相手方に二階の自己の役割を譲るのである。そして、三階の自己によって真正さを与えられた、相手方の二階における判断が、経験的自己に至るのである。このように考えると、経験的な自己に及ぼされるいかなる影響も、自らの三階の自己が与える真正さに服していなければならない[99]。この真正さの付与は、誰に経験的自己に関する判断の権限を与えるのか、ということについての権限の行使なのである。このような最終的な決定権限が自己に

(98)　もちろん、ベストセラーになることで、そこからフィードバックを得て、以後、その続きの書き方や内容に影響することはあるかもしれない。しかし、その評価は事後的なものでしかありえず、評価の対象になっている本は誰が書いたのかということ、既に書かれた内容自体には影響が出ない。後々、意味は変わるかもしれないが。

(99)　これは自己支配（self-mastery）の言い換えに見えるかもしれないが、この語を用いることによって、アイザイア・バーリン（Isaiah Berlin）が積極的自由を論じる際に挙げたような内容の危険な誤解を招くことを避けたいという意図がある。Berlin（1969）邦訳 pp.319–325. また、ここでの真正さ（authenticity）という語も、共同体論が有徳な行為などを呼ぶために用いるような卓越主義的な意味合いはなく、単に三階の自己の判断のみによって付与されるものである。

あるのだ、ということを自己著述者性は示唆している。

もっとも、ここで素描した自己のあり方、すなわち、（せめて）自己のあり方に関しては自分でコントロールして、そのような仕方で他者を含めた周りの世界に影響を及ぼしたい、というモチベーションは、次のような批判を受けるかもしれない。「自由を求める主体の関心は何よりも「我なしあたふ」にある。自由はその主体が個人であれ、中間団体であれ、民族・国民であれ、その主体の「自己力能化（self-empowerment）」の欲求に根差す。自己と自己の環境世界を自己の意志に従って形成し統御する力への欲求である[100]。そして、「自己と異質な主体としての他者の承認と尊重は、自由には内属していない。自由がこのような他者を認知できるのは、自己の限界を認知するときのみである[101]」。それは「私とは異なる固有の視点からその生を生きる他者は、〔中略〕それ自体として尊厳をもつ存在であることを私が承認する」ことによってである。井上達夫は、このような欲求によって膨張する自由の限界を画するためには、他者の同様に膨張する自由ではなく、自由を超えた観点が必要になると論じる[102]。

自己著述者性が自己力能化の欲求の一つの現れであることは否定できないし、自由の尊重を旨とするリバタリアニズムが、自由にそのような意味合いがあることを否定する必要はないだろう。問題は、このような欲求の肥大化をいかにして食い止められるのか、限界を画すのかという点にこそある。「自由の師」や「自由を鍛える」という井上の特徴的な表現は、自由の馴化（という表現が正確かは分からないが）を要求こそすれ、自己力能化欲求自体の否定ではない。リバタリアニズムが求めるべきは、その欲求の力を可能な限り損なうことなく馴化することなのではないか。そのために用いられる一つの枷が、各人に同じように自己所有権を認めるということなのではないだろうか[103]。

四　小括

本章では、リバタリアニズムの哲学的基礎として、自己所有権を検討してきた。筆者の見立てによれば、人間本性や道徳的直観に訴えかける正当化論は、少なくとも単独では成功しておらず、人格を目的として扱うという、ノージックが言及したカント的原理に正当化の可能性を求めた。その可能性をより詳しく検討するために、フィザーとテイラーのカントの扱い方を検討し、テイラーの議論に一応の説得力を見出した。

また、人格としての自己所有権者とリバタリアニズムの人間理解を検討することで、自己所有権の性質について論じた。まず、人格の程度説と自己所有権の相性の悪さを手がかりに、自己奴隷化契約の事例を通して考えることで、自己所有権を道徳的な地位として考えることができると論じた。ま

(100) 井上（1999）p.200.
(101) 同 p.201.
(102) 同 p.208.
(103) ほかにはロック的但し書きがあると思われるが、これについては後述。

た、人格と子供・動物との間の、要求される取り扱いの違いを確認することで、人格を目的として取り扱うということに一定の具体的な像を与えた。

そして、リバタリアンが遍く自己所有権を認めることと、人間の多様性を認めていることの間に問題が生じることを指摘し、確固たる人間像を持つ必要性と、それを道徳的人格と自己所有権者という二者の間での関係を明らかにする必要性を論じた。そこでは、道徳的人格が備えるべき道徳的な能力の差異が、認められるべき道徳的地位の差異として現れてしまうという帰結を避け、等しき道徳的人格として扱う（treat as equals）ための理由付けを探した。その解決策は、道徳的能力を範囲性質Mとして捉え、閾値以上での道徳的な差異を無視する曖昧な尊重を導くために、人格の別個性に付随する、意味ある生の別個性・比較不能性をもって、各自己所有権者を等しき道徳的人格として扱うことができる、というものである。しかし、それでもやはり、リバタリアンの人間観が強すぎるという批判に対しては、限定合理性などを受け容れられること、それでも範囲性質Mを持つことができることについて、自分の人生の著者は自分であるという、自己著述者性というモチベーションがリバタリアニズムには横たわっていると論じた。

ここまで、リバタリアニズムの正当化根拠である自己所有権の基礎的な考察を行ってきた。冒頭で述べた通り、本書は自覚的に「自由主義」という考え方にこだわりを持っている。では、ここまでに論じてきた道徳的基礎を持つリバタリアニズムに適合的な自由の理解とはどのようなものだろうか。リバタリアニズムといえば、消極的自由の擁護をするもの、というのが一般的な相場ではあるが、明らかに、本章の議論はそのような安易なスタンスの取り方を許さない。以下では、消極的／積極的自由の検討から始めて、本書の立場に適合的な自由観を探っていきたい。

第四章　自己所有権と自由
——干渉の欠如から、自己所有権に形態を規定された自由へ

　本章では、リバタリアニズムの生命線である自由について検討する。リバタリアニズム（をはじめとした多くの議論）は自由が価値あるものであることを、自明であるかのように扱ってきた。しかし、本当に自明なのだろうか。自由にまつわる論争の深化や、我々の日常生活を取り巻く環境の変化、そして何より、科学技術や心理学の発展がもたらした議論の前提の根本的な変更は、自由の価値の自明性を脅かしているのではないだろうか。既に述べた行動経済学の発達などは、事実としての人間理解の変化が、いかに我々の規範的なあり方に影響するかを物語っている。

　それでもやはり自由の価値は自明なのだろうか。そして、リバタリアニズムにとって自由とは、消極的自由であることをやめないのだろうか。以下では、自由論を、本書のような立場にとって適合的な自由のあるべき姿を求める、という方針で議論を展開していきたい。自由論を始めるにあたって、まず俎上に上げられるべきは、バーリンの自由の二分法であろう。そこから議論を始めていくことに

したい。

一　バーリンによる積極的自由／消極的自由の二分法

自由という概念は凄まじい多義性を持つ。バーリンによれば、その用法は二百以上にも及ぶ[1]。その上でバーリンは、自由を重要な意味によって二つに分けるとすれば、消極的な自由（negative liberty）と積極的な自由（positive liberty）であるとする。

バーリンによれば、消極的な自由とは、次のような問いへの答えに関心がある。

主体――一個人あるいは個人の集団――が、いかなる他人からの干渉もうけずに、自分のしたいことをし、自分のありたいものであることを放任されている、あるいは放任されているべき範囲はどのようなものであるか[2]。

ここで述べられているのは、強制の欠如、他人による干渉の欠如である。それゆえ、能力（ability）の存否と一致するわけではない。つまり、自由のこの意味では、空を飛ぶことができない、盲目ゆえにものを読むことができないということは強制ではないので、自由の侵害には当たらない。消極的自由はしばしば、freedom from ～という形で表現される。

一方、積極的な自由とは、次のような問いへの答えに関心がある。

あるひとがあれよりもこれをすること、あれよりもこれであること、を決定できる統制ないし干渉の根拠はなんであるか、まただれであるか[3]。

これは、自分が自分自身の主人でありたいという願望から来るものであり、自分の生活や様々な決定をいかなる外的な力にでもなく、自分自身に依拠させたいという願いから来るものであるとバーリンは言う。換言すれば、自己支配・自己決定としての自由である。積極的自由はしばしば freedom to～と表現される。

バーリンが論じている通り、「人が自分自身の主人であることに存する自由と、私が自分のする選択を他人から妨げられないことに存する自由とは、文字面では相互にたいした論理的な違いのない概念であるように見え、ただ同じことを消極的にいっているか積極的にいっているかのいいあらわし方の相違があるにすぎないと思われる[4]」が、これらはそのモチベーションの違いから異なる方向に展開

（1）Berlin（1969）邦訳 p.303.
（2）*Ibid.* 強調は福原。
（3）*Ibid.* 邦訳 p.304. 強調は福原。
（4）*Ibid.* 邦訳 p.320.

されることになり、最終的には衝突することになる。

このことをバーリンは自己支配（self-mastery）のメタファーを用いて説明する。自己支配とはつまり「わたくしはわたくし自身の主人である」、「わたくしはいかなるひとの奴隷でもない」ということである。しかし、たとえば、我々自身がよく知っている通り、我々は「情念の奴隷」なのかもしれない。自己支配は支配する自我を含意するが、そうであれば「理性とか「より高次の本性」とか、また結局は自我を満足させるであろうところのものを目指し計算する自我とか、「真実」の、「理想的」の、「自律的」な自我、さらには「最善」の自我とかいったものと様々に同一化[5]することになる。それらの望ましいものは「非合理的な衝動や制御できない欲望、わたくしの「低次」の本性、直接な快楽の追求[6]」と対置される。自己支配は前者を陶冶して、後者を抑えるように要請することになる。これらの二つの自我は大きなギャップを持って分裂し、「真の」自我は個人的な自我よりも、より大きく、個人がその一要素に過ぎないような社会的な「全体」へと結びつけられていく傾向を持っている。その「全体」とは種族、民族、教会、国家など様々なものが考えられうる。そのような集団的・有機体的な全体の意志に反抗する「成員」にその集団の意志を強いることで、その全体および成員たちの「より高い」自由を実現するところの「真の」自我と一体化させる。このような強制を正当化するために、しばしば有機体的なメタファーが用いられ、それに強いもっともらしさを与えているのは何らかの目標である。その名の下に人を強制することが可能になり、また、正当化されてしまう。その「目標」は、本来であれば成員たちが、当然に自らすすんで目指すことになる目標であるにもかかわらず、現にそうなっていないのは、成員たちが盲目や無知であるか堕落しているからである。そうであれば、彼らを強制しているのは、強制している人の方が、彼らの利益を彼らよりも知っていて、彼らの利益のためにやっているのだと言えることになる。さらに進んで、そのような目標は、人々や社会の現実の願望を無視して、「真実」の自我や、「真の」目的を設定することが可能であり、それらのために人々を抑圧・拷問することが可能である。その目標が何であれ、それが「真の」自我の「自由な」選択として目指されなければならないということになる。積極的自由は人間の内的な分裂を示唆するものであり、このような事態に陥りやすい性質を持っている。[7]

ここでのバーリンの議論が大いに全体主義的な政治体制を意識したものであることは明らかである。自己統治としての自由が、その「自己」の肥大化によって、民族や国家へすり替えられていき、個々人の消極的自由を侵害する形で「真の」自我を強制してくるようになる。バーリンは自己支配への欲求が、容易に他者支配への欲求に膨らんでいくということを鮮やかに描き出している。それゆえ、バーリンはどちらかの自由を決定的に否定することはしなかったが、積極的自由よりも消極的自由の方に強いシンパシーを持っているように思われる。

（5）*Ibid.* 邦訳 pp.320-321.
（6）*Ibid.* 邦訳 p.321.
（7）*Ibid.* 邦訳 pp.320-323.

リバタリアニズムは、バーリンのこのような自由についての評価を受け容れ、消極的自由に擁護する価値を認める。それは自己所有権論と非常に親和的な自由観である。他者に危害を加えるのでない限り、個人は他者からの強制や干渉を受けずに、好きなように行為する自由を持っているという議論は、身体所有権としての自己所有権から無理なく導かれるし、それが支配権としての身体所有権の意義でもある。一方で、他者への支配を含意しうるという積極的自由には、従来のリバタリアニズムは潔癖なまでに支持を与えてこなかった。あくまで重要なのは各個人の消極的自由が守られることであって、それ以外のものは自由を語った別物であるかのように扱ってきた。

しかし、このようなリバタリアニズムの消極的自由への傾倒ぶりは、従来から批判の的となってきた。以下では、従来のリバタリアニズムの自由理解の問題性を明らかにするために、その制度的含意ではなく、自由の理解そのものについての議論の進展、批判を取り扱っていくことにしよう。

二 マッカラムの三項関係論――様々な自由を一つの型に

上述のようなバーリンの自由の二分論は、その有効性、意義、評価について、多くの批判が加えられてきた[8]。そのうちの一つに、マッカラム（Gerald C. MacCallum, Jr.）によって提案された、自由についての三項関係（triadic relation）論[9]がある。マッカラムは、この議論を展開している論文の冒頭で次のように論じる。

この論文は、我々は政治的社会的自由の概念が消極的なものと積極的なものの二つに有用な形で分けることができるという見解に挑戦するものである。〔中略〕それらの間の区別はこれまで十分に明確になされず、一部は重大な混同に基づいてなされており、もし自由に関する諸々の哲学者、イデオロギー、社会運動の違いを理解したいのであれば、まさに何の検討を必要とするか、ということから注意をそらしてきた。その是正案は、自由は常に一つで同じ三項関係であるとみなし、様々に主張する集団たちは互いに変数項の範囲についての理解に争いがあると考える、というものである。[10]

マッカラムは、バーリンの自由を二つに分類するという見解は、様々な曖昧さを残してしまい、適切に区別して認識することが出来ないとして、積極的自由／消極的自由という理解を拒否する。その代わりに三項関係による、以下のような定式を提案する。

〈Xは、Yから、Zする（しない、になる、にならない）ことにおいて自由である（ない）〉（X

(8)　濱（2008）pp.55-70.
(9)　MacCallum（1967）pp.312-334.
(10)　*Ibid*. p.312.

is (is not) free from Y to do (not do, become, not become) Z)

これは、X、Y、Zの三項からなる自由の定式であるが、この式が表すことのできる自由は、そのまま論者によって採用される三項の内容に依存している。そこでマッカラムは、積極的自由と消極的自由がそれぞれ、変数項にどのような種類の事柄を当てはめることになるのかを考える。[11]

Xに当てはめられるものは主体である。消極的自由の場合、基本的にこの項に入るのは人格である。積極的自由の場合には、ただの人格にとどまらず、「真の」・合理的な・道徳的な人格や、共同体・歴史などの人格以外のものが入り、主体とされることもある。このようなズレは、バーリンが警戒していた、積極的自由の危険性を表現しているように思われる。

Yに当てはめられるのは拘束や障害である。消極的自由の場合、他の人間によって設けられる拘束や障害である。一方、積極的自由の場合、拘束や障害は、人によって設けられる必要はないと考えられている上に、何かがないということも障害であると考えられている。たとえば、人間の窮乏を取り除くことを考える積極的自由論者にとって、その窮乏による自由の侵害が、人間によってもたらされたか否かはレレバントではないかもしれないが、消極的自由論者にとってはレレバントである。

Zに当てはめられるものは、何をするか、何になるかという目的・目標についての項である。消極的自由の場合は、その本人（X）が欲していることだろう。一方、積極的自由の場合は、行為よりもXがある特定の状態にあることが強調され、その状態の評価はXを主体とカウントできる状態にあるかに影響を受ける。

マッカラムは、この三項関係論をもって「自由についての論者を二つの相対する陣営に整理するという試みはとても歪んだもので、結局無益なものになる」と評価し、バーリンの二つの自由概念を却下する。[12]

このマッカラムの提案は、各項の間で、どの程度お互いに拘束しあうのか不明であるが、かなりの程度任意の三変数によって様々な「自由」を表現することができる。マッカラムが述べていた通り、変数の違いによって、様々な論者において何が食い違っているのかを検討することができる。もちろん、この定式を使うことによって、何らかの「真の」自由が見つかり、自由論に最終的な決着がつくということは期待できないが、どのような自由に価値があるのかについての指針を得ることができるのかもしれない。そこで、自由に価値的に分厚い内容を持たせるセンの議論と、純粋消極的自由と呼ばれるスタイナーの議論を簡単に説明し、この定式で表現して、比較・検討してみることにする。これによって、少なくとも、各々の議論が自由の価値をどのように捉えているのかを理解することができるだろう。これを明らかにすることで、以下での議論の方針を見定めたい。

（11）*Ibid.* pp.320–327.

（12）この評価の妥当性自体については、本稿の関心でないので詳しく触れない。バーリンがこの批判に対して、Zが常に必要なわけではない旨、反論を行っている（Berlin（1969）邦訳 pp.67–68）。その解説として、濱（2008）pp.58–60.

センの自由論は、彼の議論の中心をなす潜在能力（capability）アプローチと強い関係を持つ。センによれば、人間は複数の機能（functioning）を同時に実現して生きているが、センにとっては、実現された機能の組み合わせだけではなく、その機能セットが実現される過程で選択されなかったセットの存在も重要なものである。というのも、結果的に何らかのセットを選ぶにしても、そのセットしか選べなかった場合と、ほかにも様々に存在していたセットの中からそのセットを選んだということでは、自由について全く評価が異なると考えるからである。たとえば、ある人の栄養状態が著しく悪い場合に、食べ物が手に入れられないのでそのような状態にあるということと、手に入れようと思えば手に入るが、何らかの宗教的な帰依を示すためにあえて断食をしていることとは、センの自由観から言えば全く別のことである。そのような機能セットの集合（選択肢集合）を表現するために用いられるのが、潜在能力である[13]。

潜在能力の内容をもう少し詳しく理解するために、次のような例を考えてみる[14]。ある人が一万円（資源）を持っているとして、この人が一万円で買うことのできる財貨の組み合わせの集合が予算集合である。この予算集合は選択肢集合として自由の範囲を表現している。たとえば、あるレストランでAというメニューを選ぶ結果が同じであったとしても、Aしかなかった場合と、BやCも注文することができた場合とでは、全く自由についての評価が異なる。その意味で、成果（帰結）だけでは自由についての情報を含まないから、「資源」に注目することは自由についての情報を得る上で優れた方法である。しかし、たとえば、上述のレストランは、客によって値段を買えるようなレストランかもしれない[15]。この場合、相変わらず一万円持っているとしても、ある人はAしか食べられないにもかかわらず、別の人はBやCも選ぶことができるようになるかもしれない。つまり、ここから言えることは、ある人にとってその成果を得るための資源がどれだけ必要かということまで考えなければ、十全に自由を表現することができないということである。資源を考えるだけでは、自由の差異を表現することができないとセンは考える。このような例は、資源から機能への転換効率に関する問題である。たとえば、同量の資源を所持していても、身体に何らかの障碍のある人とない人では、達成される機能には差異が生じることがあると思われる[16]。ここまで考えてこそ、その人間が持つ自由の評価をすることができると考えるのである。

センは潜在能力の明確なリスト化を避けているが、人間にとって重要だと思われる何らかの機能が実現されうる状態を「自由」にこめていると考えてよいだろう[17]。では、これはマッカラムの定式では

(13) この点の説明については、主にSen (1992) Ch.3を参照。
(14) この例は、若松 (2003) pp.138–140による。また、Sen (1992) pp.52–53も参照。
(15) 日常的にそのような店に出会うことは少ないかもしれないが、「時価」というものの存在や「現金掛値なし」が画期的な新商法であったことを想起すれば、十分に想像できる。
(16) しかし、資源から機能への転換効率を左右するものには「高価な嗜好」なども影響してくるので、考慮すべきものとすべきでないものを以下に区別して本人に帰責するのかについての問題が生じる。これについては若松 (2003) pp.123–129, pp.136–147を参照。

どのように表現することができるだろうか。Xは具体的な人間だろう。Yは「重要な潜在能力の欠如」だろう。一義的には、人間が生きて行く上で決定的に重要な食料の欠乏の問題や、生活環境の衛生について、さらには人間の精神的な尊厳を構成すると思われるような感情や承認も含まれるだろう。Zは（具体的には明らかでないが）尊厳ある生活をすること、より福利を増進することなどであろう。たしかに、マッカラムの定式は、センの自由を表現する力を持っており、さらに、このように表現されたセンの自由は、一見したところ豊富に価値を含んだ自由であるように見える。

一方、スタイナーの自由はどのように表現できるのか。スタイナーは自由を純粋に物理的・事実的な空間の把握に求める。まず、消極的自由についてバーリンがはじめ「単にあるひとがそのひとのしたいことをすることのできる範囲のことである。もしわたくしが自分にしたいことを他人に妨げられれば、その程度にわたくしは自由でない[18]」と考えていたことをスタイナーは批判している。というのも、何らかの行為が妨げられていることと、何かをしたいという欲求が関係しているとすれば、たとえばAをしたいと考えていたが、それを妨げられた人（不自由）は、そのような欲求を自ら捨て去ることで変化させて「内なる砦（inner citadel）」へ閉じこもることによって、その人は自由になったことになってしまう[19]。なぜなら、変化した後の欲求は満たされたことになるのだから。これはバーリンの望むところではなく、後にバーリンは「もし自由の度合いが欲望の満足の函数であるなら、欲望をとり除くことによっても欲望を満足させることによってと同様に、自由を有効に増大しうるはずである。満たすまいと決心した当初の欲望を消去するような条件をつくって、人々を自由にすることができることになってしまうのである。私の上にのしかかる圧力をとりのけたり、またそれに抵抗したりする代わりに、それらを《内面化する》ことができる。これこそ、奴隷であったエピクテトスが、自分は主人よりも自由である、と言ったときに到達した心境である[20]」と修正した。自由がそのような欲望の満足の函数でないとすれば、自由とは欲求の充足などの効用の問題とは別のものとして考えられるべきものである。我々が「ある人が何か特定の行為をする自由があるかどうか」とたずねるとき、我々は通常は評価的に問うているのではなく事実について問うているのだと考えれば、妨げられている（prevented）という評価的回答は、できない（cannot）という事実を含意しているのである。一方で、「Blue はBする自由がある」という言明は「Blue はBしたい」ということを含意しない。ある主体が何らかの行為をする自由があるか否かについての判断は、その行為の適格性（eligibility）に関するいかなる判断とも論理的に独立している[21]。

また、この場合、その行為（action）は行動（behavior）でも構わないことになりそうである。これ

（17）これをリスト化する代表的な論者はヌスバウム（Martha Nussubaum）が挙げられるだろう。その簡潔な批判的な評価として、安藤（2007）pp.125-126.
（18）Berlin（1969）邦訳 p.304.
（19）Steiner（1994）p.10.
（20）Berlin（1969）邦訳 p.57.
（21）Steiner（1994）p.11.

に対しては「人間の自由についての理論と実践の主題は行動ではなく、行為にある」とか、「純粋な消極的自由は一般的な意味で行動主義者の理論であり、それは自分で動く主体がなぜ動くのか、動こうとするのか自体に関心がない[22]」との批判がある。しかし、スタイナーによれば、「純粋な消極的自由主義者は、行為と行動の区別の妥当性を否定するのではなく、その自由の判断に関する問題へのレレバンスだけを否定するのである[23]」。たとえば、「投獄されているとき、私が実際にそうする理由があろうがなかろうが、私には劇場へ行く消極的自由がない」のである。意図しようがしまいが、そのようなことが可能であれば自由があるし、不可能なら自由がないのである。このように考えると、自由にとっては意図もその適格性も問題ではなく、ただ事実だけが問題とされる。つまり、何らかの行為が事実として物理的に不可能でないならば、そのようなことをする自由があるということになる。

このようなスタイナーの自由は、マッカラムの定式においてどのように表現されるか。Xは人間である。Yは人間を原因とするあらゆる制限・障害であり、それは意図されたものに限られない。Zは物理的に可能であることすべてであり、その行為の適格性は問われない。つまり、あらかじめ何らかの空間が、ある人によって物理的に占められるのでない限り、自由は存在することになる。そして、このように理解された諸個人の自由の総量は増減せず（つまり自由の和の増大や最大化という議論は意味をなさない）、存在するのはゼロサム的な自由の分配だけである[24]。

以上のように、マッカラムの定式は、とても分厚い内容を入れ込もうとするセンの自由論から、最低限の内容だけを分析的に表現しようとするスタイナーの自由論まで、その意味するところを表現できる射程を持っていると思われる。三項関係論はマッカラムの意図の通りに、各論者の問題関心がどこにあるかをはっきりと示すことができているように思われる。では、このような分析は、自由の重要性や意味の解明について、どんな指針を示してくれているだろうか。ここまでの議論から、センの自由論は豊富に価値を有しているが、スタイナーのものは有していないと判断してよいのだろうか。しかしここで注意すべき点は、このような自由論の評価が、自由の価値について判断したものなのかという点である。もう少し強調して言えば、スタイナーよりもセンの自由が価値を持つという判断は、自由それ自体の価値について判断したことになっているのだろうか。この点を明らかにするためには、センの自由が持つ価値の源泉を求めて、センの議論にさらなる検討を加える必要がある。センのような論法で自由に価値があるとする積極的自由について、安藤は次のように論じている。

典型的な積極的自由論は自由には常に価値があるということを前提に消極的自由を批判する。これに対して、積極的自由論は自由が常に価値を有している所以を福利に依拠して説明することができる。(25)

(22) Flathman（1987）pp.31-132.
(23) Steiner（1994）p.17.
(24) *Ibid.* pp.52-54. また、安藤（2009）pp.141-143参照。
(25) 安藤（2009）p.139.

また、安藤はその積極的自由論が有しているとする価値について、「個人の合理的追求の対象である個人的価値、つまり福利（well-being）――積極的自由論者は福利論として主観主義的な厚生主義（たとえば快楽説）ではなくより客観主義的な福利論（典型的には客観的リスト説）を採ることが多いのだが――へのアクセシビリティとして把握しようとする[26]」と論じている。

つまり、安藤によれば、積極的自由論者が自由の価値として提出するものの内実は（客観主義的な）福利へのアクセシビリティである。しかし、ここには何かおかしなものがある。

自由の価値を専ら主体の福利に依拠して説明するのであれば、自由に内在的な価値は存在していない。積極的自由論の規範的な真水部分は福利論であって、それ以上でもそれ以下でもない。自由に価値があるという主張を彼らがする場合に、求められている正当化はその基盤にある福利論自体の正当化である。〔中略〕自由が典型的には福利論的に価値ある行為選択肢へのアクセシビリティであるという立場に見られるような、自由の価値についての道具主義的な見解一般にこの問題が当てはまる[27]。

おそらく、センのような積極的自由論が主張している「自由の価値」とは、その実態は福利なのであって、自由それ自体に内在的な価値があるというような意味で、自由それ自体から導き出されている価値ではない。つまり、福利的に何らかの望ましい状態に至ることのできる選択肢集合を選ぶ自由には価値があるという議論は、福利に至る自由には価値があるということであり、ここでの自由は何らかの善きものに至ることができるという道具的な存在に過ぎず、その価値はもっぱら福利から引き出されている。安藤が指摘する通り、積極的自由論が福利について言及すること以外に自由の価値を語ることができないのであれば、それは自由自体の価値について語っているのではないということになるだろう。

安藤の議論を受け容れるとすれば、一見豊富に価値を有しているように見えたセンの自由論の価値は、自由自体の価値ではないということになる。たしかに、マッカラムの定式では、センの自由論は欠乏からの自由（Y）や、福利を増進する自由（Z）など、豊富に価値を持った自由であるように思われたのだった。しかし、実はそうではないと判断するならば、このような他の価値によってかさ増しされたのではない、自由自体の重要性を捉えるためには、どのように考えればよいのだろうか。

マッカラムの定式をもう一度見返してみることにしよう。マッカラムがこの定式を作るうえで意図したことは、様々な自由を唱える者たちが、何について意見を異にしているのかを明らかにするためであった。というのも、マッカラムはその違いこそが、それらの自由論において重要なことであると考えたからである。しかし、これを問うことは必ずしも自由自体の重要性を語るということにはつな

(26)　同 pp.138-139.
(27)　同 p.139.

がっていないのではないか。

〈XはYからZすることにおいて自由である〉という三項関係の定式は、記述的・網羅的に自由を語ることができる。センとスタイナーの議論で見た通り、この定式の汎用性は極めて高い。一方で、その懐の深さはマッカラムが意図した、各々の自由観の相違を浮き彫りにするためにはたしかに適したものだったのだが、実はこの定式は自らが自由について語っているということについて、それほど関心を持っていたわけではなかったのではないか。すなわち、マッカラムの関心は、もっぱらX、Y、Zの内容とその比較にあり、自由とは何か、何をその名で呼ぶべきか、その重要性はどこにあるのかということにはなかった。このように考えられるのであれば、マッカラムのような自由の分析的把握という手法自体は、自由それ自体について考えようとする本章にとって、得るところが少ないように思われる（このこと自体はマッカラムの落ち度ではない）。マッカラムの分析は、自由それ自体にまつわる問いを棚上げにした上で、分析が行われていると理解すべきだろう。

また、安藤が論じる通り、センの自由が価値を豊富に有しているように思われたことが、もっぱら変数の福利的な価値によってもたらされているならば、自由自体の価値は存在しないことになる[28]。一方、もし、もっぱら福利によってしか自由の重要性が説明できないわけではなく、福利論に還元することができない何かが自由に残されるのであれば、そこに自由自体の重要性を見出すことができるかもしれない。ただ、マッカラムの定式は、自由を説明・記述する「型」を提供するのみで、自由の重要性については沈黙するほかないのであり、その定式で表現された自由の重要性は、そのまま変数に帰されるのである。スタイナーの自由が、価値の面で魅力がない、無味乾燥したものだと考えられたのは、変数から自覚的に欲求や福利のような価値的なものを排除し、もっぱら事実についての記述を盛り込んでいたからだろう。

以上のように考えるならば、自由それ自体の重要性の擁護を目指す本章は、その擁護すべき自由を、マッカラムによる自由の記述的な分析からだけでは得られないということになる。マッカラムの定式のように分析的に自由を語ることで、自由の内容を浮き彫りにできたとしても、それによって自由の重要性について語ることはできない。哲学にとって分析的であることは美徳の一つだろうが、分析には各々の関心や目的が存在している。おそらくマッカラムはバーリンとは異なる関心を持っており、本書の議論はマッカラムよりはバーリンと多くの関心を共有している。

そう考えるならば、本書が自由の重要性を福利などのほかの価値によって説明するような積極的自由は採らないということを確認して、議論はもう一度、自己所有権に親和的であるとされる消極的自由の検討に立ち戻る必要がある。しかし、前章までの議論は、本書のような立場を採るリバタリアニズムにとって意味のある自由とは、何かをすることができる、物理的に妨げられていないと記述されるような消極的自由の擁護だけでは十分でないことを示唆している。では、消極的自由だけではどん

(28)　それゆえ、本書は自由の福利的な重要性を主張することによってのみ、自由を擁護するような帰結的な正当化を避けなければならない。それだけでは、自由を擁護する十分な理由にならない。

な不都合があるのか。そのようなケースをあぶり出すために、以下ではリバタリアン・パターナリズムの問題を検討していくことにする。

三　リバタリアン・パターナリズム――プロセス保障としての自由へ

本節では、既に登場した行動経済学と、その応用の一例であるリバタリアン・パターナリズム（Libertarian Paternalism）によってもたらされる、自由、そしてリバタリアニズムにまつわる問題を検討していきたい。

まず、リバタリアン・パターナリズムの前提となっている、行動経済学について、非常に雑駁にではあるが、見ていくことにしよう。(29) その鍵となる概念は「限定合理性」である。これは、それまでの経済学の前提であった、ホモ・エコノミクスとその合理性の概念に変更を迫るものである。この概念は、人が意思決定する際の知識や計算能力などの認知的な制約に注目し、これらを踏まえた上で考えうる合理性のことである。これに対して、従来想定されていた合理性（「実体的合理性」）は、行為者は目標以外に依存していないという前提を採るため、行為者の認知過程（プロセス）を考慮していない。これに対して「手続的合理性」は、行動が合理的であるのは、適切な熟慮の結果である場合であると定義され、より人間の認知過程に即して、プロセス依存的なものであると論じた。このような限定合理性概念は、従来の合理的選択理論が説明できなかったことに対して、現実に近い人間像からアプローチすることで、行動予測をより精度高く行うことを意図し、また、そのようなことを可能にするものだとされている。

このようなアプローチを法と経済学に導入する試みとして「法と行動経済学」が登場した。キャス・サンスティン（Cass R. Sunstein）、リチャード・セイラー（Richard H. Thaler）、クリスティーン・ジョールズ（Christine Jolls）らはその共著論文[30]の中で、合理的経済人と現実の人間行動の違いを「限定合理性」「限定意志力」「限定自己利益（bounded self-interest）」という三つの標語で表現した。その具体的な現れとして、アンカリング、利用可能性バイアス、楽観主義・自信過剰、損失回避性向、現状維持バイアス、フレーミング、時間的非整合性[31]、同調圧力など、様々なものが考えられる。

このような形で現れる、到底合理的であるとは思えない現実の人間行動は、行為者の能力の限界や、認識枠組みのあり方に影響されたものである。このような非合理な人間行動は、上で述べたよう

---

(29) 行動経済学誕生の理論的経緯については、塩野谷（2009）第六章。

(30) Jolls, Sunstein and Thaler（1998）.

(31) 時間的非整合性は、どのような立場を採っても必ず非合理的だ、とは言えないように思われる。たとえば、ある時点での「ダイエットしよう」という決意（選好）が、その後のどの時点においても同様に重要でなければならない理由はないように思われる。何らかの影響でその選好が変わること自体は、それ以前の選好から考えて不合理であるということはない。今から未来に向けての自分を拘束できるかという問題は、現在の自分の選好を上手く達成できないという問題より複雑であり、少なくとも、ここに並んでいる別のものと同様に扱えるものではないように思われる。

な無視しがたい一定のパターンを持っている。このような人間が避けがたく持っている傾向や、自己利益追求に関する合理的な判断を阻害しているバイアスを修正するという形でなら、パターナリスティックな介入も許される可能性がある。しかし、法と行動経済学は、このことから、政府による介入は許容される、と単純に結論せず、謙抑して介入者と被介入者のバイアスの程度を比較する。もし、介入者の方が被介入者よりも、このようなバイアスからより逃れられている場合には、そのような介入は正当化されることになる。これをサンスティンらは「反‐反パターナリズム（anti-anti paternalism）」と呼ぶ。彼らはパターナリズム一般を否定するのではなく、さりとて無批判にパターナリズムを受容するわけでもなく、介入者と被介入者のどちらがより合理的に判断・行為できるのかによって、当該介入が正当化されるかを考える。

そして、法と行動経済学からさらに一歩進んで、選択の自由とパターナリズムを両立させようと考えるのが、リバタリアン・パターナリズムである[32]。そのために重要になるのが、チョイス・アーキテクチュア（choice architecture）という仕掛けである。これは、一定の傾向を持った限定合理性を持つ人間が、何らかの選択をする際に、望ましい選択肢を選ぶことができるよう、選択の文脈（環境）を整え、望ましい選択肢へと誘導するためのものである。そこには明示的な命令などの規範的なものは含まれていない。事実としての人間の傾向を考慮に入れた選択肢の与え方、たとえば、これまでの選択の履歴から推測するなどして、望ましい選択をさせることができるというものである。リバタリアン・パターナリズムのこのような注意喚起や選択肢の与え方は、ナッジ（nudge：肘でつつく＝促す）

と表現される。このようにして、選択の自由に干渉せず、かつ、本人の利益になるような選択肢を強制せずに自ら選ばせるよう誘導するような統治のあり方が、リバタリアン・パターナリズムの特徴である。

このようにまとめることのできるリバタリアン・パターナリズムは、一見、自由を侵害することなく帰結を改善するだけで、何の問題もなさそうであるが、リバタリアン・パターナリズムの「パターナリズム」の側面をもう少し詳しく見ておきたい。パターナリズムは、他者への危害を防止することを目的とする危害原理や、実定道徳を規準とするリーガル・モラリズムとは違い、本人の利益のためにすることを理由としている。また、リバタリアン・パターナリズムはその主張通り、強制を伴わない形で、パターナリスティックな介入をする。この点を捉えて、森村は「リバタリアン・パターナリズムは本当はパターナリズムではない[33]」と論じる。リバタリアン・パターナリズムは情報を与えることによって、人々を一定の方向へ促したり、デフォルトの選択肢を変更することで人々の選択に影響を及ぼすのだが、森村によれば、これは説得や議論と同列である。森村がそのように考えるのは、リバタリアン・パターナリズムと消極的自由は抵触しないように思われるからであろう。おそらくその通りである。では、もし、介入者が被介入者の合理性を上回るならば、リバタリアニズムはリバタリ

(32)　本書におけるリバタリアン・パターナリズムの内容はもっぱらThaler and Sunstein (2008) に拠る。
(33)　森村 (2013) 13章。

アン・パターナリズムにもろ手を挙げて賛成すべきなのだろうか。

いくつかの点で、そうではないと筆者は考えている。たしかに、我々が最も上手く合理的に各々の善き生を実現できることは、望ましいことであり、考慮されるべき事柄かもしれない。しかし、自己所有権論リバタリアニズムは、それだけのために自由が重要だと考えているのではない。リバタリアニズムは、少なくとも、自己の利益を最大化して生きるべきだと主張するのではないし、それが最も重要なことだとも考えていない。愚かしい・怠惰な生を選び取る自由さえ認められるべきだと考えるからこそ、自由は重要なのであって、自らの善き生の構想を「合理的に」追求することだけが重要なことではない。上述の通り、往々にして我々はそれに失敗するのであって、その意味で「合理性」やこれに近い意味での「自律」は人間に当然共有される前提ではない[34]。本書が既に帰結主義的正当化を斥けた通り、リバタリアニズムが自由を尊重するのは、自由が我々自身の善き生の合理的な達成を可能にするからだと考えることはできない。

また、たとえばデフォルト選択肢を設定するようなチョイス・アーキテクチュアを用いる場合、そのデフォルト選択肢はどのような方法で決められるべきだろうか。ナッジするためには、どの選択肢に誘導するのかということも不可避の問題になる。もし、個々人の善き生の構想をデフォルト作成者が知りえて、その各々に合わせた、言うなればオーダー・メイドの選択肢をもたらしてくれるならば、福利の面では問題がないように思われる。しかし、そのようなことは可能なのであろうか。これまでの選択の履歴を参考にしてデフォルト選択肢を提供するというのは、このケースに当てはまるように思われるので、ここではそのような場面を想定してみよう。人の内面がすべて外部の行動に現れるわけではないし、履歴だけからでは、次の突発的な新しい出来事に対応することはできないが、それでも履歴からの予期という方法は次善の策としては相当有望である。その点、本人の利益を実現するために、というパターナリスティックな理由は十分機能していると考えられる。

しかし、履歴から考えるにしても、それだけではなぜその選択肢がお勧めされるべきであるかは、実は明らかではない。たしかに、履歴からは、その人の行動パターンが予測できるかもしれない。しかし、予測することと、そこから何らかのお勧めを提供することの間には、大きな溝がある。たとえば、失敗続きのある人の行動予測をするならば、また同じようなパターンの失敗をするだろう、という予測ができる。しかし、デフォルト作成者は、その人の選択を良いものにするためにお勧めを作るのであり、そのお勧めは単なる行動予測ではありえない。そうであれば、その「選択を良いものにする」ということのために、何を基準にして「良い」ものにするのかを決めなければならない。その選択肢はどういった点でお勧めなのか。「本人の利益」をどのように捉えるのか。その意味で、リバタリアン・パターナリズムも明確に何らかのコミットメント（たとえば厚生）[35]を持たざるをえない。

(34)　このような身の丈に合わない、合理性の「立派すぎる物差し」を人間に用いることの問題を指摘するものとして、若松（2016）。

(35)　Mitchell (2005).

チョイス・アーキテクチュア自体は選択の自由を尊重するとされるものであれ、その価値コミットメントについては、別途検討されるべき問題となる。さらには、「あなたにとって本当に良いデフォルトを選んでさしあげます」という態度は、リバタリアン・パターナリズムが尊重した選択の自由を有名無実化するほどに、人が選択する契機やその意義を縮減させていくことだろう。このような形で、本人の利益の内容充塡をデフォルト作成者に譲り渡すなら、何らかのお勧めの価値へ導いて行こうという姿勢は、そのような選択のあり方の選好へのフィードバックを考慮すれば、意図的でありながら意識にはのぼらない適応的な選好形成の誘起につながっている。従来通り、明らかに何らかの価値(善)を称揚し、その価値を目指すべきだという議論がなされたのであれば、これまでの通りにリバタリアニズムは批判の糸口を掴むことができただろう。しかし、そのようなあからさまな態度を取らずとも、人々を知らず知らずのうちに、一定の方向へと誘導することが可能である点、この議論は自由にとって厄介なものである。

整理すると次のようである。リバタリアニズムが重視する消極的自由と、リバタリアン・パターナリズムは抵触しない。それゆえ、お勧めを選定されること自体は、その他の選択肢に切り替えるコストが無視できるほどに低ければ、問題にならない。しかし、そのお勧め選択肢の選定過程に被介入者は踏み込むことができない。というのも、そのようなお勧め選択肢の選定は消極的自由を侵害しないからである。そうであれば、リバタリアニズムには選択肢選定の恣意性をチェックするための契機が存在していない。そのため、リバタリアン・パターナリズムの採用は、我々の関与できない場所での我々に対する操作（manipulation）に結びつきかねない。

では、リバタリアン・パターナリズムに対して筆者が持った先述の疑問点に、消極的自由が有効な手段でないとするならば、リバタリアニズムは何を根拠として反論できるのだろうか。本書の立場から考えれば、人格の尊重という面から考えるのが最も適切だろう。前章のテイラーの議論において、人格と子供との間にはパターナリズムが許容されえた。その場合においては、子供に物理的な介入（車道に飛び出そうとする子供を捕まえる）が可能であるとされた。リバタリアニズムは、対等な人格同士であれば、消極的自由の尊重として、このような介入は許容されないと考えるだろう。しかし、人格の尊重を考える際に、この場面で問題にされるべき最も重要な点は、物理的な介入であることではない。この物理的な介入が許される根拠は、子供が人間でありながらも、人格ではないためである。物理的な介入の可能性は、その現れの一種でしかないということが理解されるべきである[36]。すなわち、本書のようなリバタリアニズムの立場を採る場合、人格の尊重として問題のあるような扱いを受けることは、物理的な介入であるか否かを問わずに、許されるべきではないのである。たとえば、もし、被介入者が人格であるに足る道徳的能力を備えているならば、それよりも合理性の面で優れている介入者との間でも、等しいものとして扱うべきだ（treat as equals）と考えることになるだろ

(36) その裏返しとして、自己所有権も「人格の尊重」を形づくる（かなり重要で、大きなものであるが）一部でしかない、と理解されるだろう。その残りの部分についての検討は以下で行われる。

う。つまり、この場合には、介入者が被介入者よりも合理的であることは、パターナリズムを正当化しない。そこにはそのような手助けを受け容れるか否か、どのような操作をさせるのかについての、被介入者の意思が介在しなければならない。もしそのような意思が介在するのであれば、それはもはやパターナリズムではない。コンリー（Sarah Conly）が論じる通り、「リバタリアン・パターナリズムは操作的（manipulative）である」[37]。ナッジは我々自身の推論をバイパスさせてしまうことによって、人々の意思決定を尊重することに失敗している[38]。また、強制的にある良い結果をもたらすわけではないので、パターナリズムとしての有効性においては、強制的な（coercive）パターナリズムに劣っているのである。つまり、リバタリアン・パターナリズムは、人格の尊重にも、パターナリズムの貫徹にも失敗していると言わざるをえないのである[39]。

ここまでの議論で明らかなように、筆者は「人格の尊重」という言葉の解釈に、ただの強制や障害の欠如ではなく、「自分のことについては自分で決める」という自己決定（self-determination）的な意思の働きも含めている。これは、既に述べた自己著述者性というモチベーションからも明らかであるが、その一つの表れとして考えることができるだろう。その場合、何を決定するかと並んで、どのようなプロセス（誰が？　どのように？）を経て決定されるかということも重要になる。そのプロセスがどのように重要になるかは、次のような例を考えると分かるだろう。私が、私の大事な人に何かプレゼントを贈ろうと考えている。そのプレゼントに重要な意味を与えるのはどのような要素だろうか。何を贈るかということ、それがどの程度役に立つものであるかは、かなり重要だろう。しかし、プレゼントを選ぶ私があれこれ悩んだ末に選んだ、というような選択のプロセスも重要な意味を付与するに違いない（良い意味ばかりではないだろうが）。私の大事な人に対して、ほかでもない「私が」選んだというプロセスは、他のプロセスには代え難い性質を持っているように思われるし、それを私が選んだというプロセスがないプレゼントと比較するならば、何かが重要なものが違う（欠けている）ように思われる。自己著述者としての人格の尊重にとって重要なのは、あることについて最もよい選択をできるかということ以上に、選択のプロセスにおいて最終的に判断するのは誰であるのかということにある。ここには、本書がリバタリアニズムのモチベーションであると考えている、自己著述者としての人格の尊重が、単なる消極的自由として理解することのできない、プロセスも考慮に入れるような「自己所有権によって形態を規定された特定の自由」と呼ぶべきものを導くということが表れている。

（37）　Conly（2013）p.30.
（38）　ここで注意する必要があるのは、「リバタリアン・パターナリズム」と呼ばれる一群の提案のうちに、重要な程度に異なる操作性のグラデーションが存在していることである。それは単に情報を与えて考えることを促すものから、脳死の際に臓器移植に同意することをデフォルト設定するものまで、事の重要性も介入の程度も様々である（Sunstein and Thaler（2008）を参照されたい）。おそらく、そのすべてが我々自身の推論をバイパスしてしまうとまでは言えないので、そのすべてを否定するとまで主張するつもりはない。
（39）　Conly（2013）pp.29–32.

もちろん、ここで筆者が用いた「自己所有権によって形態を規定された特定の自由」の語は、コーエンがノージックの消極的自由の擁護を指して批判に用いた意味とは異なっている。ここで筆者が用いた意味は、自己所有権を支える「人格を目的それ自体として扱う」という原理や、自己著述者性のようなモチベーションによって形づくられている自由という意味であり、それは消極的な自由だけに与するわけでも、積極的な自由だけに与するわけでもないような自由の把握である。それは通常リバタリアニズムが擁護するような消極的自由に加えて、自己著述者性にひきつけて理解すれば、自らの人生における事柄すべてを、自らの決定の下に置き、自らに帰属させようとするという特徴を備える。これはバーリンが積極的自由で表現したところの「誰が」ということに自覚的であり、その自己決定の真正さをプロセスの最終的な判断者が付与することになる。(40)

四 小括

ここまで、本書の立場にまつわる、多岐にわたる自由論の論点を検討してきたが、ここで本章の議論をまとめておくことにする。自己所有権論たる本書の立場は、まず、消極的自由に親和性があり、それを尊重する立場を採る。また、自由の重要性については、福利論で説明されるような、帰結（道具）主義的説明を行わない。ゆえに、消極的自由は欲求などと切り離された形で把握される。近時、議論が白熱しているリバタリアン・パターナリズムについては、強制的パターナリズムと同様に、

「人格を目的それ自体として扱う」ということや、本書の中心をなす自己著述者性の理念からも、これを受け容れることはできず、本書が擁護する自由には「誰が」という、積極的自由の要素が含まれると論じた。

筆者はこのような自由を「自己所有権に形態を規定された自由」と呼ぶべきだろうと考えている。なぜなら、ここまでに重要であると考えたすべての自由は、自己所有権の正当化とともにあるからである。

では、このような自由の意義を十分に発揮させ、ここで重要だと考えたような自由を保障する分配原理とはどのようなものであろうか。そして、およそ自由に潜在しているという自由の自己力能化欲

---

(40)　このようなモチーフの議論としてChristman (1991)。もっとも、Carter (1999) によれば、クリストマンが展開した選好形成の内容中立的な自己統治 (self-governing) という手続き的な議論は、純粋に内容中立的であるとも手続的であるとも言えない。この議論は現実に起きた選好形成の過程を外部から判断する（抑圧を受けていない）真の自己を必要とする。その真の自己は、抑圧のない社会であれば育まれたはずの欲求が存在すると反実的に想定し、それを真正な欲求とすることになるので、内容中立的ではないし、手続きの中に実質的な判断を忍び込ませている。このような方法で適応的選好形成を防ぐ方法はスタンダードだが、自己著述者の真正さの付与を妨げる可能性がある。つまり、そのような抑圧を受けることを受け入れるという真正な判断の可能性は尊重されるべきなのである。

繰り返しになるが、この真正さは共同体論のように、共同体的な、有徳な真の自己でも、高度に合理的・自律的であるような高次の自己でもなく、Mの程度に道徳的能力を備えている人格としての自己である。

求を馴化し、コーエンが言う「人々が他者との間で構える一種の力関係[41]」を適切に律するにはどのような分配的原理が要求されるのであろうか。次章ではノージックを中心に、本書の自己所有権論リバタリアニズムの分配原理を探していきたい。

(41) Cohen (1995) 邦訳 p.108.

第五章　リバタリアニズムと分配原理
――「中道リバタリアニズム」への道案内

本章では、前章で論じたような、自己所有権とそれに付随する自由の構想を十全に保障するためには、どのような分配的正義を擁護するべきであるのかについて考える。第一章でも確認している通り、リバタリアニズムという立場は、再分配に否定的な分配的正義と結びつけられやすい。その一方で「はじめに」で確認した通り、左派リバタリアニズムという平等主義的な分配的正義を支持する立場も存在する。両者は、ノージックのような自己所有権（身体所有権）に加えて、歴史的権原理論を採用しているという点で共通している。それにもかかわらず、支持する分配的正義の立場に大きな違いを生じさせているのである。それがなぜ、どこで道を分かっているのか、確認していきたい。そして、本書がどの道を選択すべきなのかを明らかにしていきたい。

本書がここまで依拠してきた自己所有権は、いくつかの議論を補助的に用いたものの、基本的にはノージックの議論を解釈したものであると考えて間違いない。ゆえに、まず、右派・左派を問わずに共有されている、ノージックの歴史的権原理論から議論を始めることにしよう。

一　ノージックの歴史的権原理論

ノージックは自らの権原理論を次の三つの原理にまとめている。[1]

一、獲得の正義の原理に従って保有物を獲得する者は、その保有物に対する権原を持つ
二、ある保有物に対する権原を持つ者から移転の正義の原理に従ってその保有物を得る者は、その保有物に対する権原を持つ
三、一と二の反復適用の場合を除いて、保有物に対する権原を持つ者はない

以下では、一を獲得（専有）（acquisition, appropriation）の正義、二を移転（transfer）の正義、三を匡正（rectification）の正義と呼ぶことにする。さて、これらの原理が持つ性質について、ノージックは以下のように述べている。

ある配分が別の正しい配分から正当な方法によって生ずるなら、その配分は正しい。ある配分から別の配分へと推移するについての正当な方法は、移転の正義の原理によって特定される。正当

な最初の「推移」は、獲得の正義の原理によって特定される。正しい状態から正しいステップを通して生起するものは、何であろうとそれ自体正しい。移転の正義の原理によって特定される変化の方法は、正義を保存する。(2)

この「正義の保存則」に反する移転を匡すのが、三の匡正の正義である。ノージックの正義論はこの単純な三つの原理だけで回っており、その配分の正当性は、歴史的な推移にのみ依存するため、歴史的権原理論と呼ばれる。この議論によって、ある物が正当に所有されているのかを明らかにするためには、まず、獲得の正義から明らかにする必要がある。ノージックは獲得の正義を考える際に、ロックの労働所有論、特に『統治二論』の第二篇第二七節に着目する。少し長くなるが、全文引用しておく。

---

(1) Nozick (1974) 邦訳 p.256. ちなみに、この権原理論から、自己所有権は出てこない。この点を捉えて、各人は各人の能力に値しないという批判がありうる。しかし、この批判は的をはずしている。この権原理論は前提として、専有する／移転する者を想定しているし、その者の権利自体は、本書の第三章で行ったような、別の論証によって正当化されるものなのである。つまり、権原理論にとっては、自己所有権は所与の権利 (initial right) なのである (Vallentyne (2011) pp.151-152.)。ゆえに、オーキン (Susan Moller Okin) (Okin (1989) Ch.4) の「母系制ディストピア」批判に対する部分的な (全く完全ではないが) 応答も、このことによってなされることになるはずである。

(2) Nozick (1974) 邦訳 p.256.

たとえ、大地と、すべての下級の被造物とが万人の共有物であるとしても、人は誰でも、自分自身の身体に対する所有権をもつ。これについては、本人以外の誰もいかなる権利をもたない。彼の身体の労働と手の働きとは、彼に固有のものであると言ってよい。従って、自然が供給し、自然が残しておいたものから彼が取り出すものは何であれ、彼はそれに自分の労働を混合し、それに彼自身のものである何物かを加えたのであって、そのことにより、それを彼自身の所有物とするのである。それは、自然が設定した状態から彼によって取り出されたものであるから、それには、彼の労働によって、他人の共有権を排除する何かが付与されたことになる。というのは、この労働は労働した人間の疑いえない所有物であって、少なくとも、共有物として他人にも十分な善きものが残されている場合には、ひとたび労働が付け加えられたものに対する権利を、彼以外の誰ももつことはできないからである。[3]

ノージックはこのロックの議論を参考にしつつ、人の所有権が労働によって生み出した価値の増加分に対するものに限られず、その対象全体に拡大されるのはなぜかという点について考えていく。そして、次のように言う。

もし改善されるべき無主物のストックに限りがある場合には、ある物の改善によってその物全部の所有権を得るという考えは、維持し難くなる。なぜなら、ある物が一人の所有物となることが、他の全員の置かれる情況を変化させてしまうからである。[4]

そこで、ノージックは上で引用した、ロックの議論の傍線を引いた一節に着目する。ノージックはこれを「ロック的但し書き[5]（Lockean Proviso）」と呼んで、他の人々の情況が、ある人の専有によって悪くならないことの確保を意図しているものだと解釈する。

そして、ノージックはこの但し書きの妥当な解釈を求めて以下のような議論を展開する。

充分豊富かつ良質の専有すべきものが得られなくなる最初の人Zを考えよう。専有することになる最後の人Yの後では、Zは物に対する以前の自由を失うのであり、YはZの情況を悪化させる。それ故、Yの専有は、ロック的但し書きの下では許されない。そのため専有を行う最後から二人目の人Xは、Yを以前より悪い立場に置くことになる。なぜなら、Xの行為が、許容される専有をそれで終わりにしてしまったのだから。だからXの専有は許されないのである。しかし今度は最後から三番目の専有者Wが、許容される専有を終わらせたのであり、この事はXの情況を

（3）　Locke（1690）邦訳 p.212. 傍点は訳文による（原文ではイタリック）。傍線は福原。
（4）　Nozick（1974）邦訳 pp.294-295.
（5）　十分性の制約のこと。ロックの専有に関するもう一つの但し書きとして、腐敗の但し書きがある。Locke（1690）Ch.5. Sec.31.

> 悪化させるから、Wの専有も許されなかったということになる。こうして、恒久的な所有権を専有する最初の人Aまで遡るのである(6)。

このような但し書きの解釈によれば、共有状態の物から、誰かが何らかの専有を行うことは、必ず他の人の情況を悪化させることになる。しかし、ノージックによれば、誰かの専有によって他の人の情況が悪化する、ということには二つの形がある。

> 第一は、特定物またはその種の物の専有によって自分の情況を改善する機会を失うことによる場合であり、第二は、それまでは（専有しないまま）自由に使えた物が、もう使えなくなることによる場合である(7)。

上記の解釈は、第二の形の悪化とともに、機会の減少を補う何かがない限り、第一の悪化でもある。より弱い解釈は、たとえば、第二の悪化は避けられないが、第一の悪化を回避できるようなものでありうる。それは「ZからAにあのように簡単に遡及することは出来ない、というのは、Zはもはや専有することはできないとしても、以前と同じように使えるものは、残っているかもしれないからである。このケースでは、Yの専有は弱い方のロック的要請を侵さないであろう(8)」。

果たして、この議論における悪化させないとは、何と比べて悪化しないことを求めているのだろうか。それを判定する基準をベース・ラインと呼ぶことにしよう。つまり、何らかの専有によって他の人々の情況が悪化したと評価されるのは、どのようなベース・ラインを下回ったときなのか。ノージックは「それまで誰の所有でもなかった物の上に恒久的な遺贈可能な財産権を通常生じさせる過程は、その物を自由に使えなくなる他の人々の立場がそれによって悪化するなら、その結果を生じさせない」[9]と論じていることから、誰も専有をしていない共有状態、ロック的自然状態をベース・ラインと想定している。たとえば、それまで共有地であった土地が囲い込まれた場合、たとえ土地へのアクセスを失った無産者を生み出すとしても、耕作などによって彼らがそれまでの共有状態の土地から得られたよりも多くの物へのアクセスを得ることになるとすれば、つまり、より多くの価値を創造するとすれば、それは彼らの状態を悪化させていない、ということになる。そうであれば、但し書きのこのような解釈はノージックが考える通りに、非常に容易に満たされ、共有地はすぐに私有の財産になるだろう。

ゆえに、ノージックはこの但し書きが侵されるケースは、通常ほとんど存在しないと考えている。なぜなら、ベース・ラインが「私的専有を伴う社会の生産性と比較して極めて低いので、ロック的但

（6） Nozick（1974）邦訳 pp.295-296.
（7） *Ibid.* 邦訳 p.296.
（8） *Ibid.* 強調原文。
（9） *Ibid.* 邦訳 p.299.

し書きが侵されると言う問題が起こるのは破局（catastrophe）のケースに限られるからである」[10]。以上に見たようなノージックの議論は、「勤労収入への課税は、強制労働と変わりがない。〔中略〕n時間の労働収入を奪うことは、その者からn時間を奪うようなものであり、それは彼を、他の者のためにn時間強制的に働かせるようなものである」[11]という劇的な表現に代表されるような、再分配への強い否定を導くものである。ノージックの議論においては、ロック的但し書きは、現代の私有財産制、市場システムを持つ社会においては、ほとんど無視できる状況にある。このような議論に対しては、方々から批判が寄せられた。しかし、後にノージックが「『アナーキー・国家・ユートピア』は事故だった」[12]と述べている通り、これらの批判に対する彼自身による回答は、ほとんど行われないままに残された。以下では、その代表的な批判とそれを受けてのオルタナティヴについて検討していくことにしたい。

二　平等論からの批判

ノージックのような、平等、特に結果の平等[13]（equality of outcome）を軽視するような議論は、多くの平等論者から批判の的とされた。その主要な論点の一つはノージックの採用したベース・ラインの設定基準に対するものであった。すなわち、ノージックの採用したベース・ラインは、仮に一つの可能な解釈であるとしても、妥当な解釈とは言えないのではないか、という批判である。たとえば、ロック的但し書きにおいて、人間には大地とすべての下級の被造物が「共有物」として与えられていたのであり、ノージックが想定しているような無主物として与えられていたわけではない。専有されることになるのは無主物ではなく共有物なのだから、専有はできなくても、他に使うことのできる物が増えるという意味で暮らし向きが良くなるような価値創造に貢献しているのであれば、専有への機会自体が否定されても問題ない、ということにはならないはずである。それは結果として増加した多くの物へのアクセスの機会ではあがなえないような、性質の異なるものである。少なくとも、共有物であることを正しく認識するならば、無主物先占にも近いような議論によって、再分配を否定すべき理由は見当たらない。より忠実にロックの議論に従えば、自然状態から私的所有へ至る議論は、ノージックが想定しているような無主物に近いものではなく、より実質的に共有された状態から始められるべきだと考えるのが妥当である。少なくとも、採用されるべきベース・ラインは自然状態では

(10)　*Ibid.* 邦訳 p.303. ゆえに、ノージックの議論は、Mulgan（2011）のような、正義の情況（circumstances of justice）（のうち、緩やかな希少性）を満たさないような状況においては、有効性を持たないことを認めているのである。

(11)　Nozick（1974）邦訳 p.284.

(12)　Nozick（1997）p.l.

(13)　「結果」の内容についてはひとまず措く。ここでの意図は、結果状態原理（end-result principle）と平等の軽視を咎めるような議論の検討である。

ない。[14]

ここではこれらの解釈が、ロック解釈としてどの程度妥当であるかを検討する議論を本格的に行う準備はないが、ここで問題とされている点をどのように解釈できるかについて、シモンズ（John A. Simmons）の議論を紹介しておこう。シモンズによれば、必ずしもノージックの批判者のような解釈に与しなければならない理由はない。シモンズも、ここでの共有の意味を確定しかねているが、一つの有力な（しかし、シモンズは乗り気でない）解釈を挙げれば、それは消極的共有（negative community）である。シモンズによれば、消極的共有とは「すべての人が世界とその産物を使用する（道徳的な）自由があるが、誰も何に対しても保護された自由や専有権を持っていない（ゆえに、所有権は存在しない）[15]」状態のことである。この解釈は、ノージックのロック解釈における共有状態の理解に極めて近いように思われる。規範的な妥当性の評価をひとまず保留するとすれば、この解釈自体は、無理な解釈であるとまでは言えないと考えてもいいのだろう。これで、一応、ロック解釈としての無理は大きくないとだけ述べて、ベース・ラインの妥当性についての議論に移ろう。

たとえば、コーエンはノージックを批判するときに、次のような議論を展開している。[16]

AとBがある土地を共同所有しているとして、そこからAはmだけの小麦、Bはnだけの小麦を収穫できていたとする。その状態から、Aがその共同所有の土地を、Bがnだけの小麦が得られないほどの部分を専有したとする。この場合、AはBを n＋p（p≧0）で雇う契約をすれば、Aは専有した土地から m＋q（q＞p）の利益を得る。この場合にはAの専有はBに関してノージックの但し書きを満たしていると言える。もし、qが多大な利益である一方、pにほとんど分配されず、Aが暮らし向きを大きく改善し、Bは共同所有の場合から悪くはならないにせよ、ほとんど変わりがなかったとしても、これはノージックの観点からすれば、但し書きを満たしているだろう。コーエンはこのように論じて、AがBよりも幾分か無慈悲であったということが、AとBにこれほどの違いをもたらしてよいのかということに訴えて、ノージックの但し書きが弱すぎることは明白だと批判する。

これに対して、次のようにノージックを擁護することができるだろう。ノージックは自己所有権を認め、各個人の身体に属している能力も正当に所有されるのだと考えた。それらを使用することは誰にも妨げられず、その機会は各人に開かれている。ある共有地を前にして、Aは自らの能力でBを雇うことによって、共有状態よりも多くの利益を得ることが可能であると発見することができたのである。コーエンの言う無慈悲さは、リバタリアンが言うところの企業家精神の発揮であるのだから、褒められこそすれ、謗りを受けるものではない[17]。

(14) Wolff (1991) 邦訳 pp.177-189. 一方、森村 (1994) p.288は、ノージックの議論では自然状態にしかベース・ラインを引くことはできないと論じる。
(15) Simmons (1992) p.238. negative community をめぐる議論は、主に *Ibid*. pp.236-241で展開されている。
(16) Cohen (1995) 邦訳 p.107-109.
(17) このような議論としてFeser (2005a) pp.58-64. フィザーは、原始取得 (original acquisition) 特有の制約は存在せず、すべてを移転の問題に還元できると考えている。

その一方で、上述の批判に加えて、コーエンは次のようにも指摘する。

我々が検討しているような変化〔上述AとBの関係の変化〕の後で人々が受ける損得を評価する際に、人々が他者との間で構える一種の力関係に見出す価値を、権原理論家は看過することが多い。いわゆるリバタリアンが公然として称揚する人間的自律性と自分の人生に責任を持つことの重大性からすれば、このような看過は異常である。[18]

この指摘は次のようなものとして理解できるだろう。上述の例において、BはAとn＋pの取り分で契約をすることもできれば、しないこともできる（妨げられていない）という意味で自由な状態にはある。しかし一方で、n＋pで契約するという選択がBを自己所有権者として十分に尊重したものであるか否かは、その内容がどのようなものになるかに依存している。そして、仮にn＋pで契約することと、契約せずに飢えることだけが選択肢となるいわば「究極の選択」になる場合、実質的にはn＋pの内容だけが、Bの選択を真正なものと考えられるか、つまり、その選択の帰結を自己に帰属させるか（責任を負うべきか）のメルクマールとなる。[19]

そう考えると、ここで一つの問題が生じる。各人は各々の意味ある生を生き、様々な人生計画を立て、選好を形成していく。この場合、Bの生を有意味にするような選択がn＋pに織り込まれることになる。その内容はたとえばCのものとは異なっているだろう。そうすると、各個人でn＋pの内容は異なる可能性があり、各々のｎ＋ｐを満たさなければ選択に真正さは付与されないのであろうか。

これを考える上で、配慮しておくべき例は、高価な嗜好（expensive tastes）に類似したケースだろう。[20]単純な厚生の平等（equality of welfare）を主張した場合、ＸとＹに同じだけの厚生を与えるために、たとえばＸには高級なシャンパンを与えなければならないが、Ｙには安いビールを与えるだけで済むということを正当化することになる。Ｘが自ら望んでそのような高価な嗜好を身につけた場合にも、これは変わらない。このような理由によって資源分配がＸに偏るのは、直観的に認めがたい。自ら選んでそのような嗜好を身につけた場合には、その責任は自らが負うべきではないのか。

これと同じことが、Ｂの選択にも起こりうる。たしかに、各人の生に意味を付与できるのは各人だけであるが、そのことが他者の負担においても人生計画を達成させなければならないということまでは意味しない。各人が目指しただけ自らの人生の意味を謳歌し、結果において同等に有意義（meaningful）でなければならないわけではない。リバタリアニズムが、人生に意味を付与できるのが本人だけであると述べることが、そのような事態を正当化すべきではない。

この問題を解決するための一つの方向性は、選択を真正なものにするｎ＋ｐの値を、各々の選好に

（18）Cohen（1995）邦訳 p.108.

（19）もちろん、ｎ＋ｐがＢの選択を真正にするようなものであれば、契約しないで飢えるという真摯な決定は尊重される。

（20）Dworkin（2000）邦訳 pp.70-85.

影響されないという意味で客観的な基準を持つものとして捉え直すというものだろう。どのような基準であれば各自己所有権者の人生計画や選好に依存せずに、提示することができるだろうか。これを考える上で重要になるのは、個人の欲求とは独立の閾値（threshold）を重要視するような十分性説であろう。以下では、十分性説を検討することによって、このような客観的基準を明らかにしていきたい。

三　十分性説とリバタリアニズム

日本において、古典的自由主義を自認するリバタリアンたちの多くは、自らの議論と十分性説を組み合わせて主張している。筆者は今からその列に加わろうとしている。それ自体は悪しきことではないかもしれないが、しかし、彼我の違いを明らかにしなければ、その意義は明確にはならないだろう。そこで、以下ではまず、日本のリバタリアン十分性説論者の議論を（批判的に）検討していくことにしたい。

（1）十分性説の正当化根拠

森村による道徳的直観によって帰結主義的に自己所有権を制限するアプローチについては、既に様々な問題点を指摘したので、あらためて触れることはしない。ここでは、森村の議論も検討した上で展開された、橋本祐子の最小福祉国家論について検討していく。

まず、橋本は最小限の福祉を保障するような原理を考えるために、しばしば福祉国家と結びつけられる、平等主義（egalitarianism）を検討する。そこでは、平等主義と最低限の福祉という理念は、さほど相性のよいものではないこと、また、平等主義という理念が水準低下の異論（leveling down objection）を招いてしまうことなどを述べて、平等を棄却する。最終的に、橋本は人々が平等に持つのではなく、十分に持つということを重視する、充足性説（sufficientarianism）にシンパシーを持つに至る。そこでは次のように論じている。

平等という価値を掲げる平等主義者でさえ、問題にしているのは暮らし向きが悪い人々の暮らし向きの悪さであり、他の人々との関係で暮らし向きが悪いということではない、ということである。つまり、問題とされるべきなのは絶対的な貧困レベルであり、所得格差の是正それ自体は道徳的には重要ではない、ということになる。[21]

それはソーシャルミニマムの考え方と親和的であると言う。[22]

（21）　橋本祐子（2008）p.163.
（22）　ここまでは同第四章。

では、どのようにして橋本はそのような分配が達成されると考えているのか。彼女は、その中心をなすのは「最小限の福祉への権利」であると考えている。そして、その根拠は人道主義的配慮、功利主義的考慮、「プロジェクト追求者」という人間理解の三つであると論じている[23]。そして、古典的自由主義者が基本的に擁護する、他人から干渉されないという消極的権利を侵害してまで、積極的権利である最小限の福祉への権利を認めるのだから、強力な根拠が必要になり、その侵害の程度は最小限にとどめなければならない、と論じている[24]。

橋本はリバタリアニズムにとっての消極的権利の重要性を強調している。その一方で、人がプロジェクト追求者にもなれないような困窮状態にある場合には、消極的権利を侵害する最小限の福祉への権利という積極的権利が正当化される。権利論の面から見れば、人道主義的配慮と功利主義的考慮による正当化は、プロジェクト追求の重要性だけでは説得力が十分ではないと考えられたために、加えられたものである。なので、ここでは橋本の積極的権利による消極的権利の乗り越え（override）に焦点を絞って論じるために、これら二つの帰結主義的考慮は脇に措いておく。

橋本はリバタリアニズムにとってプロジェクト追求こそが人間において根源的であると考えており、それが可能であるべきだと考えている。それゆえに、そのようなことができない困窮状態にある人は積極的権利を持つべきなのである。しかし、そのような請求権は他者の消極的権利を侵害しており、彼らに負担を課すことが正当化されなければならないし、最小限に抑制されるべきなのである[25]。

しかし、橋本がこれらの消極的権利も積極的権利も同じ次元で存在し、かつ、リバタリアニズムの中心をなす消極的権利は揺るがせにできないと考えるのであれば、必ず権利の侵害を伴うことになるこの正当化の難点は解決できないように見える。そして、消極的権利を侵害して積極的権利を正当化するという橋本の論法は、両権利の関係をこのように理解していることを示唆しているように思われる。このような解決されない難点のゆえに、それ自体としては最小限の福祉への権利を支持しない帰結主義的考慮によって正当化を補強する、多元的正当化が必要になったのではないだろうか。しかし、橋本が論じる通り、これらの帰結主義的考慮だけでは権利は正当化されない。そう考えるならば、消極的権利をより弱いものとして解釈する（帰結主義的なトレード・オフを許容するなど）か、プロジェクト追求を可能にする積極的権利を消極的権利に優先させるかによって、このディレンマを解決する必要があるように思われる。消極的な権利の重要性を強調する論者は、どちらも積極的には受け容れられないかもしれない。

しかし、ここで話をリバタリアニズムの分配原理の正当化方法に戻すなら、ここに二つの可能性が現れたことになる。つまり、帰結主義的に「積極的権利」を正当化するか、「積極的権利」が「消極的権利」に優先すると考えるかである。筆者のこれまでの議論は、後者を選択することになるだろ

---

(23) 同第五章 Ch.5, Sec.3. なお、橋本のプロジェクト追求者理解については、pp.217-233.
(24) 同 pp.234, 240.
(25) 同 pp.233-240.

う。

筆者には橋本の議論はやや混乱しているように見えるが、十分性の基準を示すものの本体は帰結主義的正当化ではなく、人間理解の方にあることは読み取れた。そうであれば、本書の関心に引き付けて言えば、自己所有権を支える規範的な人間観をベースとして、分配の正当化論を組み立てるという方法がありそうである。なぜなら、自己所有権を有意義なものにするためには、意味ある生を可能にするような分配がなされるべきだからである。前節までの議論に即して言い換えれば、ロック的但し書きのベース・ラインを確定するために、人間観や自由観が大きな意味を持っており、財の分配基準や原理を決定するために影響力を持つものとして扱われる必要があるのだ。つまり、「自己著述者的な道徳的人格である自己所有権者」であるために十分な程度に、財は各人に分配されていなければならないのである。

そして、この議論の方法に、ロック的但し書きの議論は完全に適合することができる。ノージックはほとんど問題になることはないと論じたが、仮にベース・ラインを下回る事態が生じるなら、ベース・ラインを下回る自己所有権者にはベース・ラインを満たすような分配がなされなければならないことを、ノージックの議論は認める用意がある。これは、橋本が言うようなリバタリアンの消極的な権利の侵害も、正当に私的に所有されている財物の再分配も伴わない。なぜならば、ベース・ラインを下回るような情況が生じている場合には、正当な所有権は存在しないからである。ロック的但し書きは、このようにして、私的所有権を成立させる必要条件として機能するので、リバタリアンな権利

（消極的権利）と衝突することはない。ここでは積極的権利が消極的権利に優先しているように見えるが、それにもかかわらず、消極的権利が侵害されたり、その意義を損じているとは思われない。

このように、リバタリアニズムは、権利論と帰結主義の厭わしい関係や、積極的権利による消極的権利の乗り越えを正面から引き受けずとも、ロック的但し書きを採用することによって、帰結への配慮を行うことができる。ただし、そのためには、ノージックの理解から離れたロック的但し書きの議論を検討しなければならない。これについては、次節で扱うことにする。次項では、上述した基準の輪郭を明らかにするために、十分性説に付いて回る閾値にまつわる問題について扱う。

（2）十分性説と閾値

はじめに確認しておくべきことは、第3章註75で述べた通り、ケイサル（Paula Casal）によれば、十分性説がポジティヴ・テーゼとネガティヴ・テーゼの二つの主張を組み合わせたものであるということである[26]。ポジティヴ・テーゼは、ある閾値以上の暮らしを送ることの重要性の主張であり、ネガティヴ・テーゼは、ある閾値以上での平等主義的・優先性説的な理由での追加的な分配の否定である。それゆえ、重要なことは、各人がある閾値以上にいるようにすることであり、その閾値以上での各人間の平等などには関心を持たないということである。そして、その閾値を道徳的に十分（suffi-

（26）Casal（2007）pp.297-304.

cient, enough）であることの基準にしているのである。

このような議論に対しては、即座に、ではそのような閾値とはどのように設定されるのか、という問いが現れてくる。そして、その閾値が、ノージックの議論におけるベース・ラインのように低く設定されることになれば、人々を悪い状況に放置することになるのではないか。そうであれば、その閾値の説得力は大幅に減じられることになるのではないか、という批判がありうる。すなわち、ある閾値を設定する根拠と、それによって設定される閾値が、実質的に説得力を持つような水準に維持されることを示さなければならないのである。そして、平等論と同じように、何の十分性かという問題も問われることになる。何らかの適切な「通貨（currency）」が設定されなければ、十分に分節化された説得力のある議論にはならないだろう。

あらかじめ論じておけば、先述の通り、本書の十分性の基準は「自己著述者的な道徳的人格である自己所有権者であるために十分な程度に」である。この基準が、設定基準としてどのように説明される必要があるのか、また、あまりに低水準の閾値にしか至らないことになってしまうのかを考えなければならない。

しかし一方で、十分性説の擁護者は、低水準であること自体の何が問題であるのか、と批判に対して開き直ることもできるように思われる。そのためにこそリバタリアンは、平等ではなく、十分な程度の閾値という理念を提出したのではなかったか。森村や橋本が好んで使う「等しからざるを憂えずして、貧しきを憂う[27]」という標語は、まさにこの文脈でこそ意義を持つ。

真の論点は、閾値が低水準であること自体ではなく、その閾値が設定される理由・方法にあるのではないか。ノージックのベース・ラインは低すぎたのかもしれないが、問題は、なぜ自然状態であるべきかを積極的に示すことができていないからなのではないか。これは、低水準であることを免れるためだけに有効な議論ではなく、およそ設定された閾値に対して「なぜそこなのか」ということに答えていくために採りうる方法である。そう考えると、低水準に対する批判は、閾値設定方法への批判の一部として捉えることができる。十分性説論者がまず注意すべき点は、閾値の正当化にこそある[28]。

では、閾値設定をどのように正当化していけばよいだろうか。まず、閾値自体が配慮すべきは、選好などをもとにした利益を各人が判断するというような個人的閾値であるか、それとも、利益を受ける当人によらない、客観的な閾値を設定する、非個人的閾値であるかを考える必要がある。これについては、既に論じた通り、個人の選好に影響を受け、高価な嗜好などの問題に有効に歯止めをかけることができないこと、また、人生に意味を付与できることをもって道徳的人格として扱ったことになり、その人生の意味の達成如何は問題にしないことから、個人的閾値を採ることは妥当でない[29]。

一方、非個人的閾値は、たとえば、①生物的に必要なカロリーなどの、社会的な状況や財の分配状況（パターン）に影響を受けないものと、②ディーセンシー（decency）や絶対的貧困などの社会的

（27）　たとえば、森村（2013）p.160.
（28）　保田（2015）pp.257-259.

状況には影響されるが、財の分配状況（パターン）自体には影響されないもの、③相対的貧困などの財の分配状況（パターン）に影響されるものが考えられる。これらのうち、①のような基準を採ることは、おそらく低水準の批判を強く受けることになる上に、本書は単なる生にではなく、有意味な生に価値を見出すので、このような基準を採ることはできない。また、③については、他者との関係によって閾値が決定することから、それが有意味な生にとって十分であるかも分からないし、当人にとっての意味ある生を送ることとは、他人の分配状況とは関係がないので、これも採用できない。

追求すべき可能性は②である。たとえば、二〇一五年における意味ある生を送るための閾値は、明らかに一九一五年の意味ある生を送るための閾値とは異なる。科学技術の発展や、文化的な状況の変化は、明らかにディーセンシーや絶対的貧困の基準に影響を与えるものである。現に、憲法二十五条における「健康で文化的な最低限度の生活」の内容が移り変わっていくのは、このことを示唆している。意味ある生を送るために必要な財や能力も、社会的な状況に大きな影響を受けるものと思われる。人がどのような生に有意味さを見出すかは、どのような社会においてそれを考えるかに大きく依存しているだろう。そして、そのような有意味さを見つけ出すような能力（M）も分配の基準と内容に影響を与えることになる。

以上の議論をまとめると、次のようである。本書は、「自己著述者的な道徳的人格である自己所有権者であるために十分な程度に」という十分性説を正当化するために、帰結主義的正当化ではなく、ノージックの権原理論の中に組み込まれている、ロック的但し書きのベース・ラインとしてこの基準を組み込む。また、この十分性の閾値は、社会状況依存的だが、分配状況（パターン）には影響を受けない、非個人的閾値を採用することになる。では、この議論は一体何を「通貨」にするのだろうか。本書が重要視するのは、意味ある生を送ることができることでありながら、その達成度合いには関心がない。つまり、十分に意味ある生を達成しうる状況にあったのであれば、問題が生じないと考えている。言い換えれば、「意味ある生を送る機会の十分性（sufficient opportunity for meaningful life）」である。そのために必要な財や能力が分配されるべきなのである[30]。

では、このようにして得られた、本書のベース・ラインはノージックの議論の中にどのように位置づけることができるだろうか。以下では、様々なロック的但し書きの解釈を紹介し、その中にこの議論を位置付けていくことにしたい。

---

(29) 同 pp.261-264. ちなみに保田は、十分性説の説得力を増すために、ポジティヴ・テーゼとネガティヴ・テーゼの閾値を分けて、複数の閾値を持つ十分性説を展開している。その成否は措くとしても、本書はある一定以上の能力を備えた人びとを、道徳的にすべて等しい者（treat as equals）とみなす曖昧な尊重をその基礎に置いているので、複数の閾値を持つことはできない。同 pp.259-261.

(30) この点、明らかに運の平等論（luck egalitarianism）に接近している。しかし、この構想が平等論ではないことは、次節で明らかにする。

四　ロック的但し書きの解釈

(1) ノージックによる解釈――基準としてのノージック

ロック的但し書きを考える際に登場する財などは、次の三つに分けられるように思われる。それは、道徳的人格を持つ存在（我々自身）、（我々の手によって作られたのではない）天然資源、（資源から生み出された）人工物・産物である。[31] ノージックがロックの議論において疑問を持っていた、人の権利が労働によって生み出した価値の増加分に対するものに限られず、その対象全体に拡大されるのはなぜかという点について、この用語法で表現し直せば、人の権利が労働によって生み出した産物の天然資源からの価値増加分だけではなく、その天然資源を含めた対象全体に拡大されるのか、ということになる。たとえば、ある人が、ある土地を囲い込んで耕し、小麦を収穫したときに、その小麦だけではなく、その土地の所有権も得られるのはなぜなのか、ということである。

このとき、ロック的但し書きにおいて問題になっているのは、天然資源であることは明らかである。「共有物として他人にも十分な善きものが残されている場合には（where there is enough, and as good left in common for others）」における共有物とは、世界に存在するあらゆるものが共有物であるはずだと想定しない限り、人工物が共有物に組み込まれるとは考え難いので、他人にも十分、善きものが残されているべきなのは、天然資源だと考えるのが妥当だろう。そう考えた場合、実は、ノージックが論じていた、市場システムによって使えるものが増え、人工物の利用機会で購われるので、天然資源の専有の機会が残されていなくても問題がない、という筋道は成立しないはずなのである。しかし、なぜ天然資源の専有の機会でなければならないと考えられているのだろうか。また、現実に、天然資源を利用する機会でなければならないのだろうか。そうだとすると、最早、後の世代に生まれてくる人々には、ほとんど天然資源は残されていないかもしれない。これは問題ではないのか。

おそらく、そのようなことは問題にならない。我々全員が各々、自然状態の天然資源に対して、消極的共有であれ何であれ、ロック的但し書きによって、権原を有していることは確かである。そして、そのような初期状況は正義に適ったものでなければならないはずである。なぜなら、権原理論による正義の保存則は、正義を保存はするものの、自ら作り出すことはないからである。そして、そのような正義の達成されている状態は保存されたまま、後の分配の状況にも残っていなければならない（そうでなければ、匡正する必要がある）。そう考えると、あらゆる天然資源が専有されてしまった後世のある人には、初期状況に持っていたはずの、天然資源への権原は後の分配状況においても達成されなければならないのだから、その天然資源への権原の分配が、何らかの形でなされなければならないことになる。

（31） Vallentyne（2000）p.2.

それゆえ、単に人工物の利用機会が増すことだけではなく、程度において、天然資源の専有の機会によってもたらされる程度の、人工物の利用機会が保障されなければ、ノージックの議論は成立しないことになる。その意味で、彼のベース・ラインが自然状態（消極的共有）に引かれると想定されていることは、一貫した議論ではある。しかし、後で述べる通り、ノージックの議論には、より多くの機会を保障させるような含みがある。

以下では、ロック的但し書きに対するいくつかの態度を順に紹介し、検討していくことにしたい。そのなかで、本書の十分性説が、ロック的但し書きの中から無理なく導出されることが明らかになるだろう。

（2）ロック的但し書きの否定

右派リバタリアニズムの論者のうち、幾人かは、ロック的但し書きは有効な想定でないと考えている。そのような論者は、無主物先占に与することになる。その代表格はオーストリア学派のイズラエル・カーズナー（Israel M. Kirzner）である。カーズナーは自らの議論を「発見者－保有者倫理（finders-keepers ethics）」と呼んで、次のような構成でロック的但し書きを批判する。[32]

ロック的但し書きは、天然資源があらかじめ道徳的に重要な仕方で存在しており、すべての人に、何らかの仕方で共有されているのだと想定している。しかし、これでは創造的な発見を適切に評価することができない。つまり、「ある資源は発見されるまで、アクセスする権利や共同使用についての道徳的に重要な意味で、全く存在しなかったのである。この見方では、その発見者（discoverer）を彼が発見したものの創造者（creator）と考えることは妥当であると思われる」[33]。カーズナーによれば、発見者は、発見した資源を、我々にとって利用可能な資源としたという意味で、創造したのであり、このような見方を採用することができるならば、ロック的但し書きを回避し、無効化することができる。

一方で、この議論の難点は、単に気がつくこと（noticing）と発見（discovering）の間の線引きが難しいことである。たとえば、ある人がはじめて火星に降り立ったとして、たしかに彼は我々に火星の利用を可能にしたのだろうが、それゆえに火星の「創造者」であるとは主張できないし、発見したのでもないように思われる。しかし、たしかに火星の場合には、このような議論はおかしいのかもしれないが、まさに「発見」と呼べるようなケースが存在するのであれば、発見されていない天然資源は、本質的には存在していない天然資源と道徳的に同じだと扱ってよいのではないだろうか。たとえば、ある鉱夫が、何らかのひらめきによって、それまで誰にも全く知られていなかった金脈を発見し、そこに眠っていた金を掘り出した場合には、もともと、我々に利用できなかった金を利用可能にしたのではないか。

（32）Kirzner（1978）を参照。ほかに、Kirzner（1989），Roark（2013）も参考にした。
（33）Kirzner（1978）pp.395-396.

しかし一方で、その存在を知らなくても、あるものはある人に帰属することができないと考えなければならない理由もない。たとえば、本人の知らないところで、その人の新築の家の中に金貨が存在していたとする（誰かの落し物でもなく、湧いたとしよう）。それを家に遊びに来た友人が発見して、利用できるようにした。このとき、この金貨は友人のものだろうか、家主のものだろうか。自分の家の中にあるものが、他人に発見されたことによって、他人のものになるのだろうか。直観的には、そうではなく、家主のものだと言うべきであるように思われる。というのも、ある人にあるものが帰属するためには、その物の存在を知っていなければならないわけではないからである。[34]

以上のことから、カーズナーのロック的但し書きの回避はそれほど成功しているとは思われない。もしそうであれば、誰にも知られていなかった天然資源が新たに発見されたとしても、それは共有物に組み込まれて、ロック的但し書きの制約のもとに置かれることになると思われる。[35] 新たな天然資源の発見は、そのすべての専有を意味しない。

（3）何らかの平等論的な仕方で（in some egalitarian manner）

次に、左派リバタリアニズムによるロック的但し書きの解釈[36]を検討していくことにする。[37] 左派リバタリアニズムは、誰かによって作られたわけではない天然資源は、何らかの平等主義的な仕方で、全員に帰属していると考える。つまり、天然資源は誰かにより値する（deserve）わけではない。左派リバタリアニズムは、どのような平等を想定するかについて、天然資源の平等なシェア（equal share）を考える立場と、福利への機会（opportunity for well-being）の平等を考える立場に、大きく二分することができる。この点については、平等論の「通貨」の争いと変わらないものである。すなわち、前者は所謂資源の平等（equality of resource）の保障であり、ロック的但し書きは、他人にも（たとえば金銭的な価値で）等しく価値ある資源のシェアを十分残さなければならない、と解釈されることになる。この場合、個人は天然資源を使ったり専有することが、道徳的に自由にできるが、自分のシェアを超えた分については、賠償（埋め合わせ）しなければならない。一方、後者は福利への平等な機会（equal opportunity for well-being）の保障であり、但し書きは、他人も平等に価値ある福利への機会を持つように十分残さなければならない、と解釈されることになる。この場合にも、自分のシェアを超えた分を、それを剥奪された人に支払わなければならないが、その指標は福利への機会と

（34）　Roark（2013）pp.6-8.

（35）　これは天然資源が共有物になるだけであって、全く自分の権原外に「召し上げられてしまう」というようなものではない。その専有がロック的但し書きに許容されるものであれば、その専有は妨げられないから、ロック的但し書きの解釈によっては、インセンティヴにも大きな影響をもたらさないように思われる。

（36）　本項での左派リバタリアニズムの説明はVallentyne（2000）（2009）（2011）。

（37）　ここでは共同所有を採用する左派リバタリアニズムについては扱わない。共同所有を想定すると、あらゆる天然資源を利用する行為に、本人以外の全員からの（全員一致か過半数かで）同意を得なければならなくなり、個人の行為の自由は事実上、なくなることになってしまうので、ロック的但し書きの理論としての説得力を欠く（Vallentyne（2000）pp.5-6.（2009）p.146）。

なる。それゆえ、資源の平等なシェアと違って、シェアが個人の能力などに影響される[38]。

ヴァレンタインは、これらの（というよりすべての）リバタリアニズムの形態の中で、福利への平等な機会リバタリアニズムが、最も妥当なリバタリアニズムだと評価する。すべてのリバタリアニズムが、主体に重要な程度の自由や安全（security）を与えるが、ここでの問題は、主体のある種の物質的平等（人生の見通し（life prospects）の平等）の要求に関するものである。もっとも、福利への平等な機会リバタリアニズムは、自分のシェアを超えたときにだけ、埋め合わせればよいと論じているのだから、平等のための限定された義務を課しているに過ぎない。それゆえ、人生の見通しの平等の重要性を所与とするなら、福利への平等な機会リバタリアニズムが最も妥当なリバタリアニズムである[39]。

以上のように、左派リバタリアニズムは、天然資源がそれぞれ奉ずる平等論的な仕方で存在していると考えているのである。そのような仕方で天然資源には各人の権原が存在しており、共有されていると考えられている。ヴァレンタインによれば、これは各人の人生の見通しの平等が重要であることから導かれることになる。これは本書が主張してきた、意味ある生を送る道徳的人格を等しく扱うこと（treat as equals）と、どのような関係にあるのだろうか。

もし、意味ある生を送る人格の平等が、ヴァレンタインが論じるような人生の見通しの平等と同じことであるならば、本書はヴァレンタインに与することになるだろう。一方、違うのであれば、本書はヴァレンタインに与することができないので、他の原理を探さなければならない。

まず、人生の見通しの平等（equality of life prospects）が、（我々）人格の重要性が等しい（equality of persons）ので、その人生も平等（equality of lives）に扱われるべきだということだと考えてみよう。そうすると、人生の見通しの平等は、人格の重要性が等しいということから導き出されることになる。

さて、ここで等しい取り扱い（equal treatment）と等しいものとして取り扱うこと（treat as equals）を明確に区別しよう。前者がすべての人格に同一の取り扱いをするということを意味しているのに対して、後者は彼らが何らかの点で規範的に等しいことに従って取り扱われるということを意味している。前者が取り扱いを等しくしているのに対して、後者は人格が等しいとされているのである。このとき、後者においてどのような取り扱いがなされるべきかについての内容は特定されていない。ある一団の人々を規範的に等しく扱うためには、単に彼らをあるルールに従って扱うことだけで十分であり、そのルールには我々の価値が等しいということと両立しないものもありうる。たとえば、赤毛の人だけを徴用するということは、人々の間の平等（後者）と両立しないように思われるが、それでも一貫したルールの適用（前者）ではある。

(38) たとえば、資源から福利への転換率の差などの形で現れ、その分だけ、資源と福利への機会の間には差が出る。
(39) Vallentyne (2009) p.149.

もし、等しいものとして取り扱うことが、一般的な取り扱いの平等と同じことでないならば、等しきものを等しく扱うという要請や、似たケースは同じように扱うという要請だといえるのかもしれない。しかし、この形式的な平等の要請は、等しいものを等しく扱うようなルールに従え、ということは意味するが、どのような内容のルールに従うかについては、何も示唆しない。つまり、従うべきルールに従え、と述べるにとどまる。[40] また、形式的平等は、人格の（等しい）価値を尊重しない実践とも両立してしまう点、（規範的に）実質的な内容は持っていない。つまり、我々が何らかの規範的な面において等しいことは、同一のルールの下に扱われるべきだとは言えても、そのこと自体が特定の取り扱いの内容を導くということはない[41]。

このことから、我々が人生の見通しにおいて等しく重要であるということは、その平等論的な扱いを導くのに十分な理由ではない。このことに関して、ネーゲルはロールズ的な平等論、功利主義、リバタリアニズムの間での優劣を考える場面で、以下のように論じている。

今、これは平等の価値をめぐる論争のように見える。しかし、それはまた、人々が平等に扱われるべきかどうかをめぐる論争ではなく、人々がいかに（how）平等に扱われるべきかをめぐる論争として、眺めることもできるのである。この三つの見解は、諸人格間の道徳的平等の想定を共有しているが、その解釈が三者三様なのだ。三つの立場は、全ての人格の道徳的権利は十分に抽象的なレベルにおいては同等（same）である、という点では一致しているのだが、それがどういう権利であるかに関して異なっている（disagree）のである[42]。

このように考えることができるならば、人生の見通しの平等自体が、それに対する何らかの平等論的な扱いを含む、特定の実質的な扱いを導くわけではない。そのような扱いを導くためには、人生の見通しについての、より込み入った説明と価値的なコミットメントが必要になるように思われる。しかし、筆者はここで、左派リバタリアニズム一般の可能性を否定しているわけではないことを、急いで付け加えておかなければならない。ネーゲルが論じた通り、実質的にどのように扱うかについては、未だ開かれたままであると考えられるからである。ここでの筆者の指摘は、人生の見通しの平等という論拠が、等しいものとして扱うこと（treat as equals）から、平等論的な扱い（egalitarian treatment）への橋渡しとして、他の議論を否定するようなものではなく、適切に論じれば導出されうる有望な選択肢のままにとどまっているということである。それゆえ、筆者は左派リバタリアニズムを

(40) しかし、それによって、等しく取り扱うべきものを違うように取り扱う場合には、そのための理由が示されなければならないことになる、という意味で、それ自体の意義がある（井上（1986）pp.34-43）。しかし、その取り扱い（treatment）の内容については、この条件からだけではアプローチすることができない。

(41) Nathan（2015）pp.1-6.

(42) Nagel（1979）邦訳 p.175. 強調は原文。これは、いわゆる「平等主義的土台（egalitarian plateau）」の解釈によって、最も良い平等の解釈を目指すという態度とは異なる。

完全に斥けたのではなく、その擁護者にさらなる説明を求めただけである[43]。

以上の議論が示唆することは、本書が左派リバタリアニズムをすすんで採るべき、採ることを余儀なくされる理由はないということである。そこで、次は自らの擁護する議論を展開していくことで、自らの議論の妥当性を論じたい。そこでは、等しいものとして取り扱うこと（treat as equals）の具体的内容をどのように充填するのかに注意したい。

（4）中道リバタリアニズム

まず、自らの立場を論じるために、ノージックの議論を再確認することから始めたい。ノージックの議論によれば、はじめ、天然資源はロック的但し書きによって、何らかの共有状態にある。その但し書きを侵さない程度において、人は自由に資源を専有・使用することができる。そして、正義の保存則により、そのようなロック的但し書きは保持されたまま、後世に向かって財の移転が行われなければならない。こう考えたとき、ロック的但し書きは明らかに、移転の正義も拘束していることが分かる。いかに自発的なやり取りであっても、その結果がロック的但し書きを侵すのであれば、そのような移転は認めることができない。その意味で、ノージックにおける所有権は、一度も完全な（full）所有権であることができないのである。このことはノージックも認めている。

この但し書きを獲得における正義の原理の中に含んでいる理論は、より複雑な移転における正義の原理をも包含していなければならない。専有についての但し書きの反射が、後の行為を制約する。もし、私が特定の物資全部を専有することがロック的但し書きに違反するなら、私が一部を専有してから、そのままならロック的但し書きに違反しない形でそれを得た他の人々から、残り全部を買い取っても、やはりこれに違反することになる。もしこの但し書きが、世界中の飲用水を誰かが全部専有することを排除するのなら、それをすべて買い取ることもまた排除する。〔中略〕供給の全部をはじめから一人で専有することは許されない。彼が後に供給を全部専有したと

(43)　たとえば、インターネット上のディスカッションにおいて、エリック・マック（Eric Mack）はヴァレンタインに次のように問うている。「天然資源によって提供された便益が平等に共有されるべきだと考えるのはなぜか」(Mack (2013))。ヴァレンタインはこれに対して、「私は我々の適切な反照的均衡が支持する道徳的原理としてこれ〔天然資源の価値の平等な共有〕を考えている。私は完全な自己所有権を妥当だと考えるが、限られた何らかの実質的な平等の要求も同様に妥当だと考えている。しかしながら、他人がこの見解を共有しないことを完全に認める。私はそれを他のすべての規範的な事柄と同じく継続的熟考の問題として考える。しかしながら、専有の但し書きについてどんな態度を採ろうとも、正当化の問題は浮上してくることを強調しておくべきだろう。〔中略〕平等論的な但し書きが他のものと比べて何か特別な正当化の負担に直面しているわけではない」(Vallentyne (2013))。この議論からも、ヴァレンタインの議論が大きく批判に開かれたままになっていることは分かる。もっとも、彼が頻繁に用いる妥当性（plausibility）の語がこのような思考から生まれてくるものであれば、正面からこの点について論証した議論であれば、妥当性を獲得する可能性は平等論的解釈以外にも存在することになる。次項の議論は、ヴァレンタインの implausible の判断にもかかわらず、plausible な十分性説的解釈の可能性を提示しようとするものとしても理解できよう。

しても、それは最初の専有が〔中略〕但し書きに違反したことを示しはしない。そうではなくて、ロック流の但し書きを侵すのは、最初の専有プラスその後のすべての移転と行為の結合体なのである。[44]

そして、以下のように続ける。

各所有者が保有物に対してもつ権原は、専有に関するロック流の但し書きという歴史的陰影を含んでいる。〔中略〕誰かの所有権がロック的但し書きと衝突することが一旦知られると、「彼の財産」（と留保抜きで呼ぶことがもはや難しいところの物）の用法につき厳格な制限があることになる。このようにして、人が砂漠にある唯一の井戸を専有して思いのままに料金をとることは、許されない。また、彼が井戸を所有していて、不幸にして砂漠にある彼の井戸以外の井戸が全部干上がってしまった場合にも、好きなだけ料金をとることはできない。この不幸な情況は、確かに彼のせいではないのだが、ロック流の但し書きを働かせることになって、彼の所有権を制限するのである。[45]

一方で、既に述べた通り、ノージックは「この但し書きが実際に適用されることは、（ほとんど？）全くないだろう[46]」と考えていた。しかし、本当に破局的な場面においてしか、この但し書きは機能しないと考えるべきだろうか。

ジリアン・ブロック（Gillian Brock）はノージックがそのような情況が生じる数や情況の範囲を過小評価していると批判する[47]。ノージックは破局的情況でしか起こらないような事態を、事実上無視して、再分配を否定する議論を展開したが、ブロックはこの点を疑問に付す。つまり、すべての所有権が、ロック的但し書きの歴史的陰影を含んでいるならば、所有権の正当性は、（それをどのように解釈するのであれ）獲得時のみならず、現在においてもロック的但し書きに拘束される。仮にロック的但し書きが満たされていない場合、そのような情況にいる人々にあるべきニーズが満たされていないということになる。ブロックによれば「所有権は原始取得の様々な制限に永続的に結びついており、また、すべての原始取得が他人のニーズによって提供される制限に従属するなら、所有権は永続的に他人のニーズに感応的（sensitive）でなければならなくなる[48]」。

（44）Nozick（1974）邦訳 pp.301-302. 強調は原文。
（45）*Ibid*. 邦訳 p.302. このような文脈において、十分性の制約や腐敗の制約を侵すような、専有によらない、単なる資源の使用も制約されるという議論として、Roark（2013）。たとえば、共有地の悲劇（tragedy of commons）や、環境破壊による飲用水や空気の著しい汚染を招くような行為の自由は制限されうる。この問題は、大変興味深い内容を含むが、ここでは指摘するにとどめたい。
（46）*Ibid*. 邦訳 p.301.
（47）Brock（1995）.

私見では、ブロックがノージックに何か新しいアイデアを付け加えたわけではない。しかし、ノージックの議論から、再分配の根拠が十分に導き出されること、右派リバタリアニズム自身が誇る所有権の絶対性（absolute）が崩れていることを指摘した点に意義がある。また、ロック的但し書きのベース・ラインについて、新しい見解を示したこともそうだろう。ここでブロックが論じたニーズの内容は、ロック的但し書きの満足ということになる。では、それはどのようなことを要求しているのか。ブロックは、ニーズの程度について、資源の稀少さなど、資源についての条件によって変化すると考えた(49)。おそらく、このニーズは情況依存的な性質を持っているものだと思われる。

筆者は、このブロックの見解が、筆者の構想に親和的であると考えている。筆者が示した分配原理の標語は三節の（2）で示した通り、「意味ある生を送る機会の十分性（sufficient opportunity for meaningful life）」であり、これはある種のニーズを正当化するように思われる。それがどのようなものになるか、これまでの議論を記すことで明らかにしよう。リバタリアニズムは、意味ある生を送る上で、自己所有権が道徳的に重要な価値を持つと考えており、それはある範囲性質Mを持ったものに与えられる。そのような権利を持つ自己所有権者は、その具体的な道徳能力の程度によらず、自己所有権者として平等に曖昧な尊重を受ける。つまり、自己所有権者であるのに十分な性質を備えたものは、それ以上の道徳的に重要な要求を持たないのである。

一方で、このリバタリアニズムは、そのような道徳的な人格として扱われ続けることを要求しない。なぜなら、それは本人の意思によって獲得／喪失可能な地位としての側面を持つからである。しかし、そのような獲得／喪失が有効に保障されるためには、少なくとも一度そのような選択をできる者になる、十分な機会がなくてはならない。よって、この十分性は機会の十分性として理解されるべきものである。

さらに、本書は意味ある生を形づくる自己著述者性から示唆される、選択の真正さを保障しなければならない。それは自己所有権者が意味ある生を送る上で真正な選択をする、少なくとも一つの選択肢の存在を要求する。その真正さの基準は、個人の選好や財の分配状況（パターン）などに影響されないが、文化など社会の状況には影響されるものである。その帰結は、ディーセント・ミニマムのようなものに近づくと思われるが、ディーセンシーを保障することを目的とはしていない。なぜなら、真正さを保障するような選択肢も、あくまで真正さを付与するのに十分な機会として捉えられるべきだからである。

この議論によって正当化されているのは、正確には「再」分配でないということは、注目に値する。ブロックが論じるようなニーズに従って分配が要求されるとき、所有権を有していると思われる者の「所有権」は、ロック的但し書きを満たしていないのだから、実際には正当な所有権ではない。ここで行われていることは、何らかのあるべきパターンに向かって、市場を通じて正当に得たはずの

(48)　*Ibid.* p.56.
(49)　*Ibid.* p.59.

所有権から剥ぎ取って分配しているわけではない。あくまで、所有権のルールに内在する要請が実現されているに過ぎない。これはリバタリアンな消極的権利を侵害することなく、そしてそのような権利を正当化する前提としてニーズを満たすことになることを示している。

これによって、我々が道徳的人格として等しく扱われることが、その人格の性質ゆえに、等しく十分性説的な扱いを受けるべきことを示唆する、という橋渡しがなされた。

この議論は平等論ではなく、十分性説に分類されるものと評価されるだろう。ヴァレンタインはこの立場の存在を認めている。彼はこの立場を十分性説リバタリアニズム（sufficientarian libertarianism）や、中道リバタリアニズム（centrist libertarianism）と呼んでいる[50]。ヴァレンタインは、この立場が、資源の平等な共有の擁護に失敗しているので妥当でないと論じるが、なぜ平等な共有であると想定するべきか、完全には論証できていないと前項で考えたのだった。筆者は、ここまでの議論が、中道リバタリアニズムの妥当性を示したものであると考えている。もっとも、ヴァレンタインと同じく、この議論によっても、どのようなロック的但し書きの解釈が最善のものであるかについては、未だに開かれたままになっているのだが。

五　小括

本章では、分配的正義に関わる議論を見てきた。まず、自己所有権論リバタリアニズムが右派・左派ともに共有しているノージックの議論を紹介し、これに対するコーエンらからの平等論的な批判を検討した。そのなかで、問題を平等それ自体というよりも、不当に劣位に置かれる人が出てしまうこと、ベース・ラインが低すぎることに見出していることを確認した。穏健なリバタリアンはこれに対応するために十分性説に訴えかけているので、これを検討した。本書の立場と十分性説の相性を確認して、再び、ノージックにおけるロック的但し書きの解釈の検討へ戻ってきた。そして、ラディカルな右派からのロック的但し書きの無効化の議論を退けた。また、近時、ロック的但し書きの議論での活躍目覚ましい左派による、天然資源に対する権原が何らかの平等論的な仕方で存在するという解釈に対して、有力な解釈ではあるが、必ずしも採用しなければならないわけではないという、消極的な拒否を示した。最終的に本書は、十分性説的なベース・ラインを採用することに妥当性を見出した。

本書は帰結においては、これまでの十分性説リバタリアンたちと同じようなことを示したのかもしれない。しかし、自己所有権論と別の根拠として帰結主義的正当化を用いることなく、このような立場を正当化できたものと考えている。その意味で、本章の成果は、ロック的但し書きの解釈の中に、本書が妥当だと考える分配原理を、帰結主義的正当化に依存することなく読み込むことができたということに求められるかもしれない。

(50)　Vallentyne (2009) p.148.

おわりに

本書は、ここまでもっぱらリバタリアニズムの哲学的な構築に努めてきた。そこでは、ただ自己所有権を突き通す議論が展開されてきたと言っても過言ではない。最後に、正義論上の自らの位置を、リバタリアニズムの中でどのように位置づけるのか、また、本書が持つであろう制度的なインプリケーション、これらを全く不完全ながら論じることによって、本書を締めくくることにしたい。

本書の立場は、ハード・リバタリアンと呼ばれるような、分配的正義に対して否定的な立場を採るものではないことは、ここまでの議論で示してきたことから明らかである。その一方で、何らかの平等論的な分配原理を標榜しないので、左派リバタリアニズムでもないだろう。そう考えれば、アスキュー分類で言えば古典的自由主義、ナサンソン分類で言えば、おそらく、機会福祉国家の位置にいると考えられる。そしてヴァレンタインらによって作られた図に自らの位置を入れるなら、◎の位置になると思われる[1]。

もし、リバタリアニズムについて狭い解釈を採るなら、ある程度の再分配を認めている本書の立場

（1） Vallentyne, Steiner and Otsuka（2005）p.212.

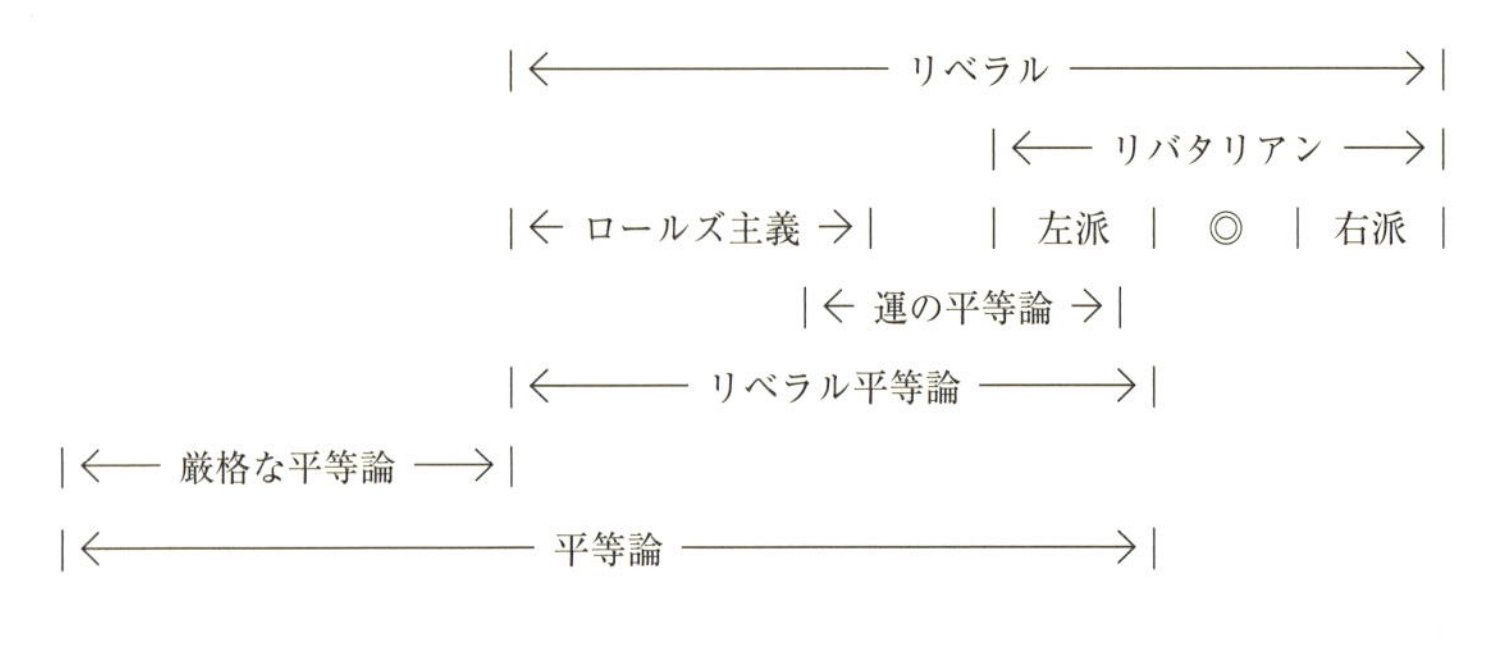

はリバタリアニズムとは呼び難いかもしれないが、第一章で論じた通り、本書はリバタリアニズムを広義に解釈している。そして、リバタリアンでありながら、リベラル平等論と区別されることになるから、本書は自らの尺度に従えば、自らをリバタリアニズムと呼んでよいだろう。

また、その制度的インプリケーションについては、筆者が本書の立場をナサンソン分類のディーセント・レベル福祉国家ではなく、機会福祉国家に含まれるだろうと考えたことには理由がある。本書は、範囲性質M程度の道徳的な能力を自己所有権者に要求しているが、そのような能力は、放っておけば自ずと身に付くようなものばかりであるとは限らない。また、真正な選択をするための様々な機会が必要になる。それゆえ、機会福祉国家がその必要を論じた、教育へのアクセスの保障、また、他の機会を生み出す様な資源へのアクセスの保障は、本書の立場と相当程度親和的である。

もっとも、教育が公立学校（政府）によってなされるべきであるという主張は、一概には支持し難い。教育内容の多様性の問題もあるが、何より、教育が市場よりも政府によってすべて賄われることが効率的な教育の保障であるかは、検証を要する問題である。筆者は、まさにこの場面こそが、法と経済学を武器とするリバタリアニズムの出番であると考えている。筆者にはこの点につき明らかにする用意はないが、何かが保障されなければならないことと、政府がその事業を行うべきであることは同じコインの裏表ではない。それが社会保障であれ何であれ、そこには常に、どのようにすればその目標を最も効率よく実現することができるのか、という問いが挟まれるべきなのである。それらは（再分配というよりは）分配のために、課税が行われることを正当化するが、必ずすべてがそのような手続きによって行われなければならないことを意味しない。そして、市場や慈善活動（charity）を高く評価してきたリバタリアンたちは、このことを市場や慈善活動の側に立って、理論的・経験的な根拠から主張しているのである。[2]

最後に述べるべきことではないかもしれないが、本書に対する根本的な疑義ともつかぬ違和感を抱えている可能的読者に対して、一言しておくべきかもしれない。筆者がおそれているその違和感とは、リバタリアニズムを擁護しようとしている本書が、なぜこれほどにリバタリアンからすれば危険な寄り道とも言われかねない議論を展開してきたのか、という類のものである。なぜリバタリアニズムを擁護しようとしているのに、その美徳を滔々とまくしたてるような、リバタリアンの魅力をアピールする議論や、平等論や共同体論を舌鋒鋭く批判するような議論を展開しなかったのか。この

（2） Brennan and Tomasi（2012）pp.123–124.

「寄り道」は必要以上にリバタリアニズムを厳しい目に晒すことで、話を不当にややこしくしただけなのではないか。あるいは、右派リバタリアンは、筆者が単なる左派への目配り・迎合から、半ば為にする議論を行い、間を取って「中道」的な妥協した結論に至ることで、自ら進んで鵺的なものになろうとしたのではないかと勘繰るかもしれない。そして、その結論においては「大山鳴動して鼠一匹」という読後感を持つかもしれない。

基本的に筆者は、書き手の手を離れたものの解釈は読み手に委ねられると考えているが、ここで自らの意図を述べることによって、これらの勘繰りが痛くもない腹を探られているのだということを述べたい。ここまでの議論から明らかである通り、本書はリバタリアニズム一般を擁護してきたわけでも、そこから導かれるとされる施策や提言を検討・擁護してきたわけでもない。むしろ、いくつかのリバタリアニズムのあり方に対して、明確に否定的な評価を与えてきた。つまり、筆者がここまで論じてきたものは、筆者のリバタリアニズムであって、これまでリバタリアニズムと呼ばれてきた、既に存在していた何かの単純な反復ではない（と筆者自身は信じている）。多くのリバタリアンは批判対象の丁寧な整理も、正当化根拠の評価も、人間観の提示も、自由の見直しも、必要だとは考えないかもしれない。なぜ自ら擁護するところのリバタリアニズムをわざわざ篩にかけるのか、到底賢いやり方とは思えないかもしれない。しかし、リバタリアンたちが「リバタリアニズムは一枚岩の思想ではない」と強みを見せるとき、各々の議論が哲学的に立派に一本立ちしているかについては何も述べていないのである。リバタリアニズムは単一の立場でないからこそ、各論者は自らの議論が立派に立っているのだということを自らの手で立証しなければならない。そして、たしかに筆者は中道的な結論に至ったのだが、このことが単に右派と左派の間での妥協的な折衷案であると評価されることには断固として異を唱えたい。少なくとも筆者のリバタリアニズム擁護は、単なる党派性への帰依に還元されるには余りに多くの内容を含んでいると信じている。この「中道」的な結論は妥協であるどころか、ラディカルな哲学的帰結なのである。本書のリバタリアニズムは、「最もラディカルなリバタリアニズムの形態はアナルコ・キャピタリズムである」と述べる世界観とは異なる所にいる。その意味で、大それたことを言えば、筆者は日本におけるリバタリアニズム理解のパラダイム・シフトを目指したのであるが、果たしてそれが完遂されているかについては、やはり読者の評価を仰ぐしかない。

さて、本書の、はじめに、で宣言したフリードマンの一節を思い出そう。「私は誰もが自分自身の生き方を決める権利——自分自身の仕方で地獄に行く権利——を持っていると信じている」[3]。この一節が、リバタリアニズムのモチーフを表現しているとするならば、この一節は本書にこそふさわしいものであると筆者は考えている。本書の中心に位置づけられた自己著述者性というモチベーションこそ、洗練された哲学的なリバタリアニズムにも、荒々しい市民宗教的なリバタリアニズムにも共有された、リバタリアニズムのコア・メッセージである。筆者のような分配をある程度許容するリバタリアンと、一切の分配を拒否するフリードマンは、この点において、リバタリアンとしての志を共に

(3) Friedman (1989) 邦訳 p.vii.

しているのである。そのような意味で、このメッセージの一貫した擁護が本書のすべてであり、リバタリアニズムの理論を打ち立てるためになすべきすべてでもある、と筆者は考えている。

上で述べたことと矛盾するように見えるかもしれないが、本書がなしえたことはあまりに小さなことである。本書は、筆者が考える、ありうるリバタリアニズムの一構想を原理的に擁護しただけのものである。これが同列の他の構想に比して、どの程度の意義深いものであるのかについては、大変心許ない。また、具体的な制度構想について、ほとんど手を付けていない。とはいえ、リバタリアニズムのありうる一構想として、リバタリアニズム理解、ひいては正義論理解にわずかなりとも貢献ができているのであれば、本書は十分にその役割を果たしたことになるだろう。本書が意味をなさないただの独り言でないことを祈るばかりである。本書の議論の精緻化および位置付けの検討、具体的な制度構想への落とし込みについては他稿を期すこととして、一旦擱筆することにしたい。

参考文献

アスキュー・デイヴィッド（1994–95）「リバタリアニズム研究序説――最小国家論と無政府資本主義の論争をめぐって（一）（二）」『法学論叢』、第一三五巻六号、第一三七巻二号。

――（2013）「リバタリアニズムと無政府資本主義」平野仁彦・亀本洋・川濵昇編『現代法の変容』有斐閣。

安藤馨（2007）『統治と功利』勁草書房。

――（2009）「アーキテクチュアと自由」『思想地図 Vol.3特集・アーキテクチュア』日本放送出版協会。

――（2010a）「功利主義と自由　統治と監視の幸福な関係」『自由への問い4　コミュニケーション』岩波書店。

――（2010b）「評者への応答」『法哲学年報2009』有斐閣。

――（2015）「権利と人権のあいだ　人権の基礎　応答」『法学教室』no.416、有斐閣。

井上彰（2008a）「正義論としてのリバタリアニズム」『法哲学年報2007』有斐閣。

――（2008b）「自己所有権と平等」『政治学年報2008–Ⅱ』、木鐸社。

――（2010）「〈分析的平等論〉とロールズ」『社会思想史研究』no.34、藤原書店。

――（2011）「正義・平等・責任――正義としての責任原理・序説」田中愛治監修／須賀晃一・齋藤純一編『政治経済学の規範理論』勁草書房。

――（2014a）「多元主義的リバタリアニズムの哲学的正当化？」『思想』no.1079、岩波書店。

――（2014b）「平等」橋本努編『現代の経済思想』勁草書房。

井上達夫（1986）『共生の作法』創文社。

――――（1999）『他者への自由』創文社。

大屋雄裕（2007）『自由とは何か』ちくま新書。

――――（2010）「自由か幸福か、あるいは自由という幸福か」加藤秀一編『自由への問い8　生――生存・生き方・生命』岩波書店。

――――（2014）『自由か、さもなくば幸福か?』筑摩選書。

――――（2015a）「権利と人権のあいだ　人権の基礎　提題」『法学教室』no.415、有斐閣。

――――（2015b）「自由への規制か、規制による自由か」『TASC MONTHLY』no.480。

尾近裕幸・橋本努（2003）『オーストリア学派の経済学』日本経済評論社。

桂木隆夫（1995）『市場経済の哲学』創文社。

塩野谷祐一（2009）『経済哲学原理　解釈学的接近』東京大学出版会。

嶋津格（2011）『問いとしての〈正しさ〉』NTT出版。

関口正司（1991-2）「二つの自由概念（上・下）」『西南学院大学法学論集』第二四巻第一号、第三号。

高橋文彦（2005）「自己・所有・身体――私の体は私のものか?」森田成満編『法と身体』国際書院。

瀧川裕英（2003）『責任の意味と制度』勁草書房。

――――（2008）「他行為可能性は責任の必要条件ではない」『法学雑誌』五五巻一号。

瀧川裕英・宇佐美誠・大屋雄裕（2014）『法哲学』有斐閣。

寺田俊郎（2001）「カントと自己決定の問題」『自我の探究　現代カント研究8』晃洋書房。

橋本努（2005）「自己所有権型リバタリアニズムの批判的検討」『法哲学年報2004』有斐閣。

橋本祐子（2008）『リバタリアニズムと最小福祉国家』勁草書房。

――――（2010）「リバタリアニズムの自由論」仲正昌樹編『近代法とその限界　叢書・アレテイア11』御茶の水書房。

濱真一郎（2008）『バーリンの自由論』勁草書房。

福原明雄（2010）「リバタリアニズムにとってリバタリアン・パターナリズムとは何か」仲正昌樹編『自由と自律 叢書・アレテイア12』御茶の水書房。

――――（2012）「リバタリアニズムの原理的再編成に向けての一試論（一）（二・完）」法学会雑誌、第52巻2号、第53巻1号。

――――（2013a）「「自己所有権」論再訪序説」仲正昌樹編『「法」における「主体」の問題 叢書アレテイア15』御茶の水書房。

――――（2013b）「リバタリアニズムの「古典的自由主義」カテゴリー」『法学会雑誌』第五四巻一号。

藤岡大助（2013）「エガリタリアニズムは存在するか?」『亜細亜法学』第四八巻一号。

森村進（1989）『権利と人格――超個人主義の規範理論』創文社。

――――（1994）「訳者解説『アナーキー・国家・ユートピア』のために」Wolff, Jonathan Robert Nozick Property Justice and the Minimal State, Stanford U.P.（森村進・森村たまき訳『ノージック 所有・正義・最小国家』勁草書房）。

――――（1995）『財産権の理論』弘文堂。

――――（1997）『ロック所有論の再生』有斐閣。

――――（2001）『自由はどこまで可能か リバタリアニズム入門』講談社現代新書。

――――（2005）『リバタリアニズム読本』勁草書房。

――――（2007）「リバタリアンな相続税」『一橋法学』第六巻三号。

――――（2009）「個人はいかにして存在するか」井上達夫編『社会／公共性の哲学』岩波講座哲学10、岩波書店。

――――（2013）『リバタリアンはこう考える』信山社。

――――（2015a）『法哲学講義』筑摩選書。

――――（2015b）「還元主義的人格観とリバタリアニズム」『法哲学年報2014』有斐閣。

保田幸子（2015）「十分性説における閾値」『政治学年報2014-Ⅱ』木鐸社。

吉永圭（2009）『リバタリアニズムの人間観　ヴィルヘルム・フォン・フンボルトに見るドイツ的教養の法哲学的展開』風行社。

米村幸太郎（2010）「自然権なしに人権は存在し得るか」井上達夫編『人権論の再構築』法律文化社。

若松良樹（2003）『センの正義論』勁草書房。

――――（2016）「肥満の法哲学――自己責任、パターナリズム、そして…」『TASC MONTHLY』no.482。

Arneson, Richard（1989）“Equality and Equal Opportunity for Welfare” *Philosophical Studies*, vol.56, no.1.
――――（2015）“Basic Equality: Neither Acceptable nor Rejectable”, in Steinhoff, Uwe（ed.）（2015）*Do All Persons Have Equal Moral Worth?*, Oxford U.P.
Bader, Ralf M.（2013）*Robert Nozick*, Bloomsbury.
Bader, Ralf M. and John Meadowcroft（ed.）（2011）*The Cambridge Companion to Nozick's* Anarchy, State, and Utopia, Cambridge U.P.
Barnett, Randy（2004）“The Moral Foundations of Modern Libertarianism” in *Varieties of Conservatism in America*, ed. by Peter Berkowitz, Hoover Institute Press.
Barry, Norman P.（1986）*On Classical Liberalism and Libertarianism*, Macmillan Press.（足立幸男監訳（1990）『自由の正当性』木鐸社）
Berlin, Isaiah（1969）*Four Essays on Liberty*, Oxford U.P.（小川晃一・福田歓一・生松敬三訳（1971）『自由論』みすず書房）
Brennan, Jason（2012）*Libertarianism: What Everyone Needs to Know*, Oxford U.P.

――（2014）*Why not Capitalism.?*, Routledge.

Brennan, Jason and John Tomasi（2012）"Classical liberalism", in Estlund, David（ed.）（2012）*The Oxford Handbook of Political Philosophy*, Oxford U.P.

Brock, Gillian（1995）"Is Redistribution to Help the Needy Unjust?", *Analysis* 55.1, pp.50-60.

Brock, Gillian（ed.）（1998）*Necessary Goods*, Rowman and Littlefield.

Buchanan, James M.（1975）*The limits of Liberty*, Chicago U.P.（加藤寛監訳（1977）『自由の限界』秀潤社）

Carter, Ian（1999）*A Measure of Freedom*, Oxford U.P.

――（2011）"Respect and the Basis of Equality", *Ethics* 121, pp.538-571.

――（2013）"Basic equality and the site of egalitarian jusitce", *Economics and Philosophy* 29, pp.21-41.

Casal, Paula（2007）"Why Sufficiency is not Enough", *Ethics* 117, pp.296-326.

Christman, John（1991）"Liberalism and Individual Positive Freedom", *Ethics*, 101, pp.343-359.

――（1994）*The Myth of Property*, Oxford U.P.

Cohen, G.A.（1995）*Self-Ownership, Freedom, and Equality*, Cambridge U.P.（松井暁・中村宗之訳（2005）『自己所有権・自由・平等』青木書店）

Conly, Sarah（2013）*Against Autonomy*, CambridgeU.P.

De Wijze, Stephen, Matthew H. Kramer and Ian Carter（2009）*Hillel Steiner and the Anatomy of Justice*, Routledge.

Dworkin, Gerald（1988）*The Theory and Practice of Autonomy*, Cambridge U.P.

Dworkin, Ronald（1977）Taking Rights Seriously, Harvard U.P.（木下毅・小林公・野坂泰司訳（2003）『権利論〔増補版〕』、小林公訳（2001）『権利論Ⅱ』）

――（2000）*Sovereign Virtue*, Harvard U.P.（小林公・大江洋・高橋秀治・高橋文彦訳（2002）『平等とは何

か』木鐸社）

Estlund, David（ed.）（2012）*The Oxford Handbook of Political Philosophy*, Oxford U.P.

Feser, Edward（2004）*On Nozick*, Wadsworth.

———（2005a）“There is No Such Thing as an Unjust Initial Acquisition”, *Social Philosophy and Policy*, vol.22, issue1.

———（2005b）“Personal Identity and Self-ownership”, *Social Philosophy and Policy*, vol.22, issue2.

Flathman, Richard（1987）*The Philosophy and Politics of Freedom*, The University of Chicago Press.

Frankfurt, Harry G.（1998）*The Importance of What We Care About*, Cambridge U.P.

———（2015）*On Inequality*, Princeton U.P.

Friedman, David（1989）*The Machinery of Freedom*, Open Court P.C.（森村進ほか訳（2003）『自由のためのメカニズム』勁草書房）

Friedman Milton（1962）*Capitalism and Freedom*, Chicago U.P.（村井章子（2008）『資本主義と自由』日経ＢＰ社）

Gauthier, David（1986）*Morals by Agreement*, Oxford U.P.（小林公訳（1999）『合意による道徳』木鐸社）

Harsanyi, John（1975）“Can the Maximin Principle Serve as a Basis for Morality?: A Critique of John Rawls's Theory”, *American Political Science Review*, 59.

Hart, H. L. A.（1961/2012）*The Concept of Law, Third Edition*, Oxford U.P.（長谷部泰男訳（2014）『法の概念 第３版』ちくま学芸文庫）

Holtug, Nils and Kasper Lippert-Rsmussen（ed.）（2007）*Egalitarianism*, Oxford U.P.

Jolls, Christine, Sunstein, Cass R., and Thaler Richard（1998）“A Behavioral Approach to Law and Economics”, *Stanford Law Review* vol.50, pp.1473-1548.

Kant, Immanuel（1785）*GrundLegung Zug Metaphysik Der Sitten*（深作守文訳（1965）「人倫の形而上学の基礎づけ」『カント全集7』理想社）

Kirzner, Israel M.（1978）“Entrepreneurship, Entitlement, and Economic Justice”, *Eastern Economic Journal*, Vol.4, No.1, Reprinted in Paul, Jeffrey（1981）*Reading Nozick*, Rowman and Allanheld.

――――（1989）*Discovery, Capitalism, and Distributive Justice*, Blackwell.

Kukathas, Chandran and Philip Petit（1990）*Rawls A Theory of Justice and its Critics*, Polity Press.（山田八千子・嶋津格訳（1996）『ロールズ『正義論』とその批判者たち』勁草書房）

Kymlicka, Will（2002）*Contemporary Political Philosophy: An Introduction, Second Edition*, Oxford U.P.（千葉眞・岡崎晴輝ほか訳（2005）『新版　現代政治理論』日本経済評論社）

Locke, John（1690/1960）*Two Treatises of Government*, Cambridge U.P.（加藤節訳（2007）『統治二論』岩波書店）

Lomasky, Loren E.（1987）*Persons, Rights, and the Moral Community*, Oxford U.P.

MacCallum, Jr, Gerald C.（1967）“Negative and Positive Freedom”, *The Philosophical Review*, Vol.76, No.3, pp.312-334.

MacIntyre, Alasdair（1981）*After Virtue A Study in Moral Theory* 2nd Edition, Notre Dame Press.（篠崎榮訳（1993）『美徳なき時代』みすず書房）

Mack, Eric（1995）“The Self-ownership Proviso: a New and Improved Lockean Proviso”, *Social Philosophy and Policy*, vol.12, issue1.

――――（2013）“3. Eric Mack's Response to Peter Vallentyne”, in *Liberty Matters: John Locke on Property*, pp.24-26, Liberty Fund（http://lf-oll.s3.amazonaws.com/titles/2517/LockeOnProperty.pdf）´（最終閲覧２０１６年８月８日）

Mack, Eric and Gaus, Gerald F.（2004）“Classical Liberalism and Libertarianism: The Liberty Tradition”, in *Handbook of Political Theory*, ed. by Gerald F. Gaus and Chandran Kukathas, Sage Publications Ltd.

Mill, John Stuart（1859）*On Liberty*（塩尻公明・木村健康訳（1971）『自由論』岩波文庫）

Mitchell, Gregory（2005）“Libertarian Paternalism is an Oxymoron”, *Northwestern University Law Review*, Vol.99, No.3, pp.1248-1278.

Mulgan, Tim（2011）*Ethics for a Broken World*, McGill-Queen's U.P.

Mulhall, Stephen and Adam Swift（1992）Liberals and Communitarians, 2nd edition, Wiley-Blackwell（谷澤正嗣・飯島昇藏訳（2007）『リベラル・コミュニタリアン論争』勁草書房）

Nagel, Thomas（1975）“Libertarianism Without Foundations”, *The Yale Law Journal*, Vol.85, Reprinted in Paul, Jeffery（1981）*Reading Nozick*, Rowman and Allanheld.

――――（1979）*Mortal Questions*, Cambridge U.P.（永井均訳（1989）『コウモリであるとはどのようなことか』勁草書房）

――――（1995）“Personal rights and public space”, *Philosophy and Public Affairs*, 24.

――――（1986）*The View from Nowhere*, Oxford U.P.（中村昇ほか訳（2009）『どこでもないところからの眺め』春秋社）

Narveson, Jan（1989）*The Libertarian Idea*, Temple U.P.

――――（2009）「なぜ自由か?（Why Liberty?）」森村進編『リバタリアニズムの多面体』勁草書房。

Narveson, Jan and James Sterba（2010）*Are Liberty and Equality Compatible?*, Cambridge U.P.

Nathan, Christopher（2015）“What is Basic Equality?”, in Steinhoff, Uwe（ed.）（2015）*Do All Persons Have Equal Moral Worth?*, Oxford U.P.

Nathanson, Stephen（1998）*Economic Justice*, Prentice Hall.

――――（2014）“Political Polarization and the Market vs. Government Debate” in Cudd, Ann E. and Sally J. Scholz（ed.）（2014）*Philosophical Perspectives on Democracy in the 21st Century*, Springer.

Nozick, Robert（1974）*Anarchy, State and Utopia*, Basic Books.（嶋津格訳（1985）『アナーキー・国家・ユートピア』木鐸社）

――――（1981）*Philosophical Explanations*, Belknap Press of Harvard U.P.（坂本百大ほか訳（1997）『考えることを考える』青土社）

――――（1997）*Socratic Puzzles*, Harvard U.P.

Okin, Susan Moller（1989）*Justice, Gender, and the Family*, Basic Books.（山根純佳ほか訳（2013）『正義・ジェンダー・家族』岩波書店）

Otsuka, Michael（2003）*Libertarianism without Inequality*, Oxford U.P.

Paul, Jeffrey（ed.）（1981）*Reading Nozick*, Rowman and Allanheld.

Parfit, Derek（1984）*Reasons and Persons*, Oxford U.P.（森村進訳（1998）『理由と人格』勁草書房）

Phillips, Anne（2013）*Our Bodies, Whose Property?*, Princeton U.P.

Posner, Eric（2000）*Law and Social Norms*, Harvard U.P.（太田勝造監訳（2002）『法と社会規範――制度と文化の経済分析』木鐸社）

Rand, Ayn（1964）*The Virtue of Selfishness: A New Concept of Egoism*, New American Library.（藤森かよこ訳（2008）『利己主義という気概　エゴイズムを積極的に肯定する』ビジネス社）

Rawls, John（1999）*A Theory of Justice Revised Edition*, Harvard U.P.（川本隆史・福間聡・神島裕子訳（2010）『正義論』紀伊国屋書店）

――――（2001）*Justice as Fairness: a Restatement*, The Belknap Press of Harvard U.P.（田中成明・亀本洋・平井亮輔訳（2004）『公正としての正義 再説』岩波書店）

Roark, Eric（2013）*Removing the Commons*, Lexington Books.

Rothbard, Murray N.（1998）*The Ethics of Liberty*, New York U.P.（森村進ほか訳（2003）『自由の倫理学』勁草書房）

Ryan, Alan（1987）*Property*, Open U.P.（森村進・桜井徹訳（1993）『所有』昭和堂）

Schmidtz, David（2002）"The Meanings of Life", in Schmidtz, David（ed.）*Robert Nozick*, Cambridge U.P.

Sen, Amartya（1992）*Inequality Reexamined*, Clarendon Press.（池本幸生・野上裕生・佐藤仁訳（1999）『不平等の再検討』岩波書店）

Searle, John R.（2001）*Rationality in Action*, MIT Press.（塩野直之訳（2008）『行為と合理性』勁草書房）

Sher, George（2014）*Equality for Inegalitarians*, Cambridge U.P.

Simmons, A. John（1992）*The Lockean Theory of Rights*, Princeton U.P.

Singer, Peter（1993）*Practical Ethics- Second Edition*, Cambridge U.P.（山内友三郎・塚崎智監訳（1999）『実践の倫理［新版］』昭和堂）

Singer, P.W.（2003）*Corporate Warriors: The Rise of the Privatized Military Industry*, Cornell U.P.（山崎淳訳（2004）『戦争請負会社』日本放送出版協会）

Steiner, Hillel（1994）*An Essay on Rights*, Blackwell.

Steinhoff, Uwe（ed.）（2015）*Do All Persons Have Equal Moral Worth?*, Oxford U.P.

Sumner, L.W.（1987）*The Moral Foundation of Rights*, Oxford U.P.

Sunstein, Cass R. and Thaler, Richard H.（2003）"Libertarian Paternalism Is Not an Oxymoron", *The University of Chicago Law Review*, Vol.70, pp.1159-1202.

Taylor, Charles（1979）"What's Wrong with Negative Liberty" in A. Ryan（ed.）*The Idea of Freedom*, Oxford U.P.

Taylor, Robert S.（2004）“A Kantian Defense of Self-ownership”, *The Journal of Political Philosophy*, vol.12, no.1.

――――（2005）“Self-ownership and the Limits of Libertarianism”, *Social Theory and Practice*, vol.31, no.4.

Thaler, Richard H. and Sunstein, Cass R.（2008）*Nudge: improving decisions about health, wealth, and happiness*, Yale U.P.（遠藤真美訳（2009）『実践行動経済学』日経ＢＰ社）

Tomasi, John（2012）*Free Market Fairness*, Princeton U.P.

Vallentyne, Peter（2000）“Introduction: Left-Libertarianism-A Primer”, in *Left-Libertarianism and its Critics*, ed. by Peter Vallentyne and Hillel Steiner.

――――（2009）“Left-Libertarianism and Liberty”, in *Debates in Political Philosophy*, ed. by Thomas Christiano and John Christman, Blackwell.

――――（2011）“Nozick's libertarian theory of justice” in Bader, Ralf M. and Meadowcroft John（ed.）*The Cabridge Companion to Nozick's* Anarchy, State, and Utopia.

――――（2013）“4. Peter Vallentyne's Reply to Eric Mack”, in *Liberty Matters: John Locke on Property*, pp.26–27, Liberty Fund（http://lf-oll.s3.amazonaws.com/titles/2517/LockeOnProperty.pdf）、（最終閲覧２０１６年８月８日）

Vallentyne, Peter and Bas van der Vossen（2014）“Libertarianism”, *Stanford Encyclopedia of Philosophy*（http://plato.stanford.edu/entries/libertarianism/）

Vallentyne, Peter, Hillel Steiner and Michael Otsuka（2005）“Why Left-Libertarianism is not Incoherent, Indeterminate, or Irrelevant: A Reply to Fried”, *Philosophy and Public Affairs* 33, no.2, pp.201–215.

Widerker, David and Michael McKenna（ed.）（2003）*Moral Responsibility and Alternative Possibilities*, Ashgate.

Wolff, Jonathan（1991）*Robert Nozick: Property Justice and the Minimal State*, Stanford U.P.（森村進・森村たまき訳（1994）『ノージック　所有・正義・最小国家』勁草書房）

あとがき

筆者が大学に入ったら法哲学をやろうと密かに決心したのは、浪人生のときであった。今思えば、筆者が偏屈でモラリスティックな考えにまみれていた時期に、たまたま受講した「小論文」の講座で扱った問題文に目を見開かれたのは今でも忘れられない。それは法哲学者の手になるもので、「物事はこんなに自由に考えても良いのか！」と講義中にもかかわらず、胸を熱くしたことを覚えている。雷に打たれたような体験をした者が、それに傾倒することは想像に難くないだろう。私が出会った文章はリバタリアニズムのものだったのだ。

以来、筆者は十余年の間リバタリアニズムの魅力に取りつかれ、今日に至っている。人には「初めに見たものを親だと思うのか」と笑われるが、劇的な出会いは人の一生を規定するに値するように思われる。そして、学問において子（弟子）が親（師）を乗り越えることは最も大きな仕事の一つであると考えるならば、筆者は本書で正面からこれを試みた。それが達成されているか否かについては、本書に対する評価を仰ぐしかない。

本書は、筆者が二〇一五年九月に首都大学東京に提出した博士学位論文「中道リバタリアニズムの可能性——自由と平等の再検討を通して」に大幅な加筆・修正・削除を施したものである。堂々たる博士論文と胸を張るには、内容・紙幅ともに寂しいものだが、それでも稚拙な筆者がここに至ることができたのは、非常に多くの方にご指導・ご鞭撻をいただけたからである。本来であれば、お世話になったすべての方に感謝申し上げるべきところだが、ここではごく一部の方に記して感謝申し上げたい。

谷口功一先生には、筆者を学部時代から現在に至るまで、一貫してご指導いただいている。先生は常日頃から「君の言うリバタリアニズムには一ミリたりとも魅力を感じない」と筆者に自らの議論をよく見つめ直すように促して下さっている。それにもかかわらず筆者が研究者としてここまで順調にステップを踏んでこられたのは、内容への賛否ではなく、学問的な質を重視した指導・評価をして下さるという、まことにフェアな研究に対する態度によるものである。しばしば人には「なぜ谷口先生の下でリバタリアニズムを?」と尋ねられたが、このような指導のあり方が、リバタリアニズム研究の最高の環境であったことに疑いを挟む余地はない、と筆者は考えている。また、先生は学問自体の指導に加えて、あるいはそれ以上に、普通に生きていては得られない様々なものも筆者に与えて下さった。大学時代から筆者に何らかの点で改善されたものがあるのなら、その多くは先生からいただいたものでできている。

河野有理先生は、大学院入学以後、ゼミや筆者の中間報告会、個人的な会話の中で大変多くのものを与えてくださり、博士論文の副査も務めていただいた。先生にはその博識のみならず、物の見方・

捉え方、物を扱う手つきに多くの感銘を受けた。猪突猛進の筆者に、頭を冷やして外からどのように見えているかを意識することの大切さを教えていただいた。

森村進先生には、その数多くの著作だけではなく、報告に対していただいたコメントや、懇親会の場などでお話いただいたことから大変多くのことを学ばせていただいている。先生は異なる大学に所属されているにもかかわらず、本書のもとになった博士論文審査の副査を引き受けて下さった。先生に感化されてリバタリアニズムの道に入った者としては、これは望外の喜びであると言うほかない。

また、学会・研究会などでご指導を賜った先生・先輩方にも御礼を申し上げたい。

井上達夫先生は、「君は谷口の弟子だから」と仰りながらも、筆者の決してブリリアントとは言えない研究にも熱くご指導いただいた。先生とのお話で研究への想いを幾度となく新たにした。研究会の質疑において筆者のことを「福ちゃん」と呼び、笑いとともにその呼称を研究会に定着させてくださったのも先生である。

横濱竜也先生は、筆者の博士前期課程在学中、首都大学東京で助教を務めておられ、研究上のあらゆる事柄を教えていただいた。先生のご指導がなければ、本書はないと断言できる。学問上は伯父だが、今でも頼りがいのある「お兄さん」である。先生には本書のゲラを読んでいただき、丁寧なコメントをしていただいた。

安藤馨先生から修士の頃にいただいた薫陶は、未だに私の基本的な学問に対する態度を形づくっている。議論を組み立てているとき、頭の中で「安藤さんならどう言うだろうか」と無意識に考えてしまうのは、もはや筆者に染みついた心の習慣である。この習慣にどれだけ助けられたかは計り知れない。

井上彰先生には、本書のもととなった博士論文の草稿を読んでいただき、論文の内容に様々な角度から的確で本質を衝くコメントをいただいた。本書になる際の加筆修正や、土壇場で大幅な削除の決断をさせてくれたのも先生からのコメントによるものである。もちろん、その判断の結果に対する責任は筆者にのみ帰属する。

米村幸太郎先生は、その磨き上げられた感性と冷静な語り口で筆者の研究を見守り励まし続けてくださった「お兄さん」の一人である。先生には筆者の卒業論文から読んでいただいており、博士論文の草稿にも文体や論文構成の問題から、内容の細かい部分に至るまで、多くのコメントをいただいた。

お忙しいなか、学会や研究会でお会いした際には必ず私の研究の意義や位置付けの話に付き合って下さる大屋雄裕先生、筆者の拙い報告に対しても的確に論理的なコメントを下さる若松良樹先生、筆者の余りにもリバタリアンらしからぬ議論をリバタリアニズムの側から戒め続けて下さる山田八千子先生、年に二、三度しかお会いできないにもかかわらず、筆者の研究の進捗を常に気にかけて下さる濱真一郎先生、東京法哲学研究会・関西法理学研究会の合同合宿で筆者の報告のコメンテーターを引き受けて下さった橋本祐子先生。まだ挙げるべきお名前は数多くあるが、個人的にお礼申し上げることでこの責を塞ぐことにしたい。

筆者は二〇〇五年に第一期生として入学して以来、二〇一五年九月までの期間を首都大学東京で過ごした。博士前期課程に上がった際には「お前の出来が首都大の評価になるんだから、覚悟しろ」と先輩に言われたことを今でも覚えている。都立大と首都大の断絶を幾分か感じつつ進学した首都大学東京大学院での生活でも、素晴らしい出会いに恵まれた。

小畑俊太郎さんは、私が博士後期課程に上がった年に政治学分野の助教として赴任して来られた。ご専門の中心であるベンタムと功利主義、自由と陶冶の関係などをお話するなかで、様々な発見があり、その面白さと奥深さに頭を抱えて悶絶したのは良い経験であった。小畑さんには休日にもかかわらず、筆者の拙い博論中間報告会に参加していただき、コメントをいただいたこともあった。

永田智成さんは、筆者が大学院で得た最も愛する先輩であり、掛け替えのない友人である。永田さんのご専門はスペイン政治史だが、民主化論と現に起きている民主化の間で頭を悩ます体験をわずかばかりであれ共有できたことは、理論の筋ばかりに目が行き、実際に何が起こるかの想像力に乏しい筆者にとって驚きに満ちた体験だった。

島田英明さんは、筆者が博士前期課程にいる間、数多くのゼミを共にした後輩である。島田さんの専門は日本政治思想史だが、筆者の論文や構想に対して、理論的に的確な批判や他分野から見たときの筆者の理論の異様さについて、現在でも常々指摘してくれる。島田さんの、失礼はないが遠慮もない直截なコメントは、筆者に大変響くものであった。

筆者はこれまでの研究生活において、様々な援助と機会に恵まれてきた。博士前期課程においては、平成二十一、二十二年度（財）電通育英会大学院給付奨学生になった。この奨学金の奨学生セミナーで知り合った他分野の研究者とは現在でもやり取りがある。何の実績もない修士の学生に給付奨学金を与えるという破格の扱いに心から感謝している。博士後期課程においては、平成二十三、二十四年度首都大学東京大学院研究奨励奨学生になった。大学にはその上、ジョージタウン大学での短期語学研修に加えて、ブラジル・ベロオリゾンテで開催されたＩＶＲ世界大会での報告のための学会派遣支援もしていただいた。また、平成二十五、二十六年度日本学術振興会特別研究員ＤＣ２に採用され、科学研究費補助金（特別研究員奨励費）（13J02645）を受けた。本書の完成は、ここに記されたような恵まれた環境があればこそである。大学院における筆者の研究生活に援助していただいた皆様に心から感謝申し上げたい。さらに、本書は、首都大学東京の出版助成の交付を受けて刊行されるものである。出版助成を受けるにあたって、首都大学東京大学院社会科学研究科法学政治学専攻の先生方には大変お世話になった。記して深く御礼申し上げたい。また、ナカニシヤ出版をご紹介いただいた谷口先生に、あらためて御礼申し上げたい。

本書の刊行にあたっては、ナカニシヤ出版の酒井敏行さんに大変お世話になった。なかなか上がらない原稿、遅れる校正、決まらないタイトル。すべての編集過程におけるご迷惑をおかけしたことをお詫び申し上げるとともに、寛容で丁寧な編集に心から御礼申し上げたい。

私事で恐縮だが、今でも交流のある大学の友人たち、趣味の友人たち、そして、根無し草で地に足のつかない筆者に市井の風を不断に吹き込んでくれる飲み仲間たちと、そこで出会った輝かしい才能にも感謝したい。筆者が東京に一人暮らしを始めて十余年、これまでそれらしい「精神の危機」を迎えずにすんだのは、彼らのおかげである。

研究をしたいと筆者から聞いたとき、両親はどう思ったのだろうか。ロースクールに行くと思っていた無難を地で行く息子が、急に法哲学をやると言い出した。少なくとも、法学部卒の父は唖然としたに違いない。息子は一体どこへ行くのか。気が気でなかったと思う。そんななかでも両親は、どこへ行くとも知れぬ筆者を支援し続けてくれた。父は年齢相応の生活態度と社会性を、母は健康な生活を筆者に求めたが、その他にはできるだけ早く自分で食べられるようになれとだけ言うに止めてくれている（実際には言いたいことは山ほどあるだろう）。これまでの研究生活を様々な面から支援してくれた両親には感謝してもしきれないが、せめて父・道雄と母・三起子に本書を捧げることにしたい。

二〇一六年十二月

福原明雄

さ　行

や・ら行

事項索引

あ 行

か 行

人名索引

福原明雄（ふくはら　あきお）
1985年　愛知県生まれ
2009年　首都大学東京都市教養学部法学系卒
2015年　首都大学東京大学院社会科学研究科法学政治学専攻博士後期課程修了　博士（法学）
2017年４月より津田塾大学総合政策学部非常勤講師など
主要著作「リバタリアニズムの原理的再編成に向けての一試論（一）（二・完）」（『法学会雑誌』第52巻第２号、第53巻第１号、2012），「『自己所有権』論再訪序説――その基礎づけと人格観」（仲正昌樹編『「法」における「主体」の問題』、御茶の水書房、2013）ほか

リバタリアニズムを問い直す
右派／左派対立の先へ

2017年４月１日　初版第１刷発行　（定価はカバーに表示してあります）

著　者　福原明雄
発行者　中西健夫
発行所　株式会社ナカニシヤ出版
〒606-8161　京都市左京区一乗寺木ノ本町15番地
TEL 075-723-0111　FAX 075-723-0095
http://www.nakanishiya.co.jp/

装幀＝白沢正
印刷・製本＝亜細亜印刷

Printed in Japan.　ISBN978-4-7795-1156-1　C3032